李 刚 邢奇志 赵瑞莹 主编

玩
出智慧
"微活动"让教育更有趣

苏州大学出版社
Soochow University Press

图书在版编目(CIP)数据

"玩"出智慧:"微活动"让教育更有趣 / 李刚,邢奇志,赵瑞莹主编. —苏州:苏州大学出版社,2017.6
 ISBN 978-7-5672-1642-6

Ⅰ.①玩… Ⅱ.①李… ②邢… ③赵… Ⅲ.①初中-教学研究 Ⅳ.①G632.0

中国版本图书馆 CIP 数据核字(2017)第 102086 号

"玩"出智慧——"微活动"让教育更有趣

主　　编	李　刚　邢奇志　赵瑞莹
责任编辑	刘一霖
装帧设计	刘　俊
出版发行	苏州大学出版社(苏州市十梓街 1 号　邮编:215006)
印　　刷	苏州工业园区美柯乐制版印务有限责任公司
开　　本	700 mm×1 000 mm　1/16
印　　张	14.5
字　　数	261 千
版 印 次	2017 年 6 月第 1 版　2017 年 6 月第 1 次印刷
书　　号	ISBN 978-7-5672-1642-6
定　　价	35.00 元

版权所有　翻印必究　印装差错　负责调换
苏州大学出版社营销部　电话:0512-65225020

编 委 会

草 桥 中 学	邢奇志　李　刚　赵瑞莹　袁婷婷 卢中华　曹晓萍　高妍薇　周　源
平 江 中 学	高　旻　蒋少鸿
第 一 初 级 中 学	陈星旋　王　杰　倪小平
第 十 二 中 学	孙丽娟　杨实新　符婷婷
金 阊 实 验 中 学	孙智文　何　燕
第 十 六 中 学	朱　宏　王　敏　陈玲玲
景 范 中 学	厉　华　张　磊
振 吴 中 学	朱晓敏　张立人
第 二 十 四 中 学	金　璇
第 三 十 中 学	张皙钰
振 华 中 学	徐丽君
苏 州 外 国 语 学 校	李平利

　　物理学家说,给我一个支点,给我一根杠杆,我就可以把地球撬起来。而我们说,给你一个"微活动",你就可以让僵死的思维活跃起来,让呆板的教学活泼起来,让冷漠的情感沸腾起来;你就可以接纳所有的学生,欢迎所有的错误,义无反顾地拥抱这热闹的校园和多动的孩子们。

　　"微活动"的灵感来自"微博"。我们将"小主题、小目标、小时段"的教育活动定义为"微活动"。活动原则是"近、小、实、亲",即活动贴近生活、贴近社会、贴近学生实际,切入口小,实效性强,操作简单,亲力亲为。师生共同参与、共同感知、共同体验,在共同互动中碰撞出新思想、新观点、新思维。

　　"微活动"的宗旨:用50种方法去教孩子体验教育,而不是用1种方法去说服教育50个孩子。

　　"微活动"的特点为时间短、操作易、见效快,适用于初中及以下各个年级。每个"微活动"拿来就可以使用,一旦使用就会有惊喜。"微活动"最显著的特征为游戏的外壳、素养的内核,深受师生喜欢。"微活动"力图让班主任的"说教"变成学生有趣的"体验",让思想说服教育在有意味、有情意的"玩"中完成转型。

　　所以,我们设计的"微活动"浓缩了学生真实生活的场景,让学生在情感与理智的交互和矛盾冲突中去探究、感悟和践行,真正提升了他们的生活智慧、生命智慧,寓智于生活,寓教于生活。"微活动"侧重让身体先"动"起来,脑袋跟着"活"起来。一句话:"微活动"是一个思想"热身"活动,身热才能心热情动。

　　"微活动"由苏州市多所学校的29位老师各自原创、共同切磋、大胆假设、小心求证并反复验证后共同完成。这些老师分别是:草桥中学的邢奇志老师、李刚老师、赵瑞莹老师、袁婷婷老师、卢中华老师、曹晓萍老师、高妍薇老师、周源老师,平江中学的高旻老师、蒋少鸿老师,第一初级中学的陈星旋老师、王杰老师、倪小平老师,第十二中学的孙丽娟老师、杨实新老师、符婷婷老师,金阊实验中学的孙智文老师、何燕老师,第十六中学的朱宏老师、王敏老师、陈玲玲老师,景范中学的厉华老师、张磊老师,振吴中学的朱晓敏老师、张立人老师,第二十四中学的金璇老师,第三十中学的张皙钰老师,振华中学的徐丽君老师,苏州外国语学校的李平利老师。29位老师属于不同学科、不同学校、不同片区,都是骨干教师、优秀教育工作者。本是29条流向不同地界的河,此刻却在交汇处冲积出肥腴的教育平原。

在"微活动"中成长的不仅有学生,还有工作室的教师们。三年里,他们迷上了活动、迷上了讨论、迷上了书写。他们在一点一滴的活动改进中渐渐感觉到自己的成长。有时候,他们的身体就像被通了电的导体,急于发动,急于出发。在设计、组织、参加学生活动的时候,每个教师自己的身体充满了弹力,每一个学生的身体也充满了弹力。每个活动中,每个人都要对活动中的动作立即反应,教室因此成为不可预期的地方,每秒钟都有新情况,每个动作都可能让氛围逆转。

令人感动的不是那刻意创设的活动空间和氛围,而是"时间"和"情意",是一切发生在时间里的"故事"和发生在团队中的"情意"。每一个教师介绍自己的"微活动"时总是多谈故事、多论情意,仿佛故事和情意才是最重要的。"微活动"只不过是那些说给别人听的故事和情意的移动背景罢了。

我们从来没有要刻意靠近教育新动向、新标准,刻意诉说表达什么"核心素养",我们知道"核心素养"自然会从我们的笔端出来,教育人的习惯已深入骨髓。我们从不排斥各种高大上的教育创新,但更安心踏实地守着自己的一亩三分地,做着自己的教育"微活动"实验,有时低调,有时张扬,有时推出大胆新鲜的"微活动",有时也退回守住"传统说教"。

三年前,在秋高气爽的10月,在草桥中学三楼会议室,与一些好的人和事相遇,真妙!三年后,经过我们的探索和付出,终于完成了一个令人欣喜的好项目。

做完这个"微活动"项目,既高兴,又不满足,一方面感觉是完成了一项工作,另一方面却也有着散戏之后的虚空……

不管怎样,我们已经与孩子们一起走在路上,走完全程,这比什么都重要。无须知道终点在哪里,成长如学习一样,重要的是经历的过程。

邢奇志

目录

"玩"出智慧

1　钻石"在手边"／邢奇志

第一篇　爱的智慧

4　爱的出发——爱传递"微活动"之传递蓝丝带／李刚
11　爱的故事——"光彩班"庆"三八"妇女节主题班会／孙丽娟
14　爱的"表情"——我们班的"全家福"／张磊
17　爱的"回眸"——小伙伴的成长记／金璇
19　爱的"体验"——感受春天　感受生命／张磊
23　爱的"拍卖"——探索人生的价值／赵瑞莹
26　爱的"信任"——从相信自己开始／张立人

第二篇　人际智慧

30　我的生命线／朱宏
32　我的时间表——"体验一分钟"班级活动／张磊
35　我在你的掌心——成长·温情·回顾／王敏
38　我在你的眼中——我的优缺点／朱晓敏
41　我在你的身后——人椅合作游戏活动／陈星旋
43　我在你的旁边——我的沙拉我做主／陈星旋
45　我心中的"情缘"——一条心，一家亲／张皙钰
48　我耳中的"声音"——人际沟通的智慧／陈玲玲
50　我眼中的"最美"——男女交往规则探索活动／袁婷婷

53　我心中的"人物"——"风云人物"评选／王敏
55　我嗅到的"烟霾"——语言的杀伤力／卢中华
57　我们一起"逃"——解"手链"／赵瑞莹

第三篇　成长智慧

62　在"担当"中成长——不给别人添麻烦／李刚
67　在"孝亲"中成长——感恩主题系列"串"活动（一）／朱晓敏
71　在"感恩"中成长——感恩主题系列"串"活动（二）／朱晓敏
74　在"关爱"中成长——"将你的视线多停留在他人身上"活动
　　　　　　　　　　　　　　　　　　　　　　　　／张立人
78　在"关照"中成长——解心结／张晢钰
81　在"思考"中成长——"反抄袭"微班会方案／符婷婷
83　在"觉悟"中成长——听听孩子的心声／何燕
88　在"算计"中成长——小零钱大用处／朱晓敏

第四篇　写出智慧

92　写出"生命最爱"——解析"生命中"最珍贵的事物／赵瑞莹
95　写出"情调趣味"——给同学写一张贺卡／高旻
97　写出"凝聚力"——同心共赢，赢在九班／厉华
99　写出"愿望"有力量——"成长的烦恼"之"对未来的期望"活动
　　　　　　　　　　　　　　　　　　　　　　　　／李平利
101　写出"成功"一点点——《成功记录本》活动／徐丽君
103　写出"飞扬青春"——我们班的TED／赵瑞莹

第五篇　团队智慧

106　无微不至——学校"微活动"德育系列／蒋少鸿
108　众志成城——"人长城"活动／倪小平
110　合作的力量——"松鼠"搬家／赵瑞莹
113　让文化点亮教室　让书香飘满班级／孙智文
115　"自信扬帆　超越自我"／杨实新
118　驿站传书／王杰
120　我爱班集体——排队：养成习惯之初／李刚

122　这样复习最有趣——猜词游戏 / 邢奇志
124　团队活动"串串烧"——班级团队建设系列"微活动" / 李刚
129　学做时间的主人 / 袁婷婷
132　我的课间我做主——享受趣味大课间的快乐 / 周源

"悟"出智慧

137　真实的自己 / 邢奇志

第六篇　感悟智慧

140　放慢教育的脚步 / 张磊
142　感恩"叶微行动" / 陈星旋
143　用专注消弭倦怠 / 张皙钰
144　"第一次"相逢,准备好了吗? / 赵瑞莹
147　如何让孩子感受到你的爱 / 朱宏
150　和班主任工作谈恋爱 / 张立人
152　做从小处着眼的智慧班主任 / 何燕
154　博客传情 / 蒋少鸿
157　阅读,绽放生命之美 / 杨实新
159　有一种幸福,叫我是邢奇志工作室的一员 / 王杰
161　大爱无痕 / 蒋少鸿
163　旗帜飘过…… / 邢奇志
165　亲子共阅读,你我同成长 / 厉华
167　我们是"超人" / 符婷婷
169　纸飞机 / 孙智文
171　扶起倒下的多米诺骨牌 / 何燕
173　教室里的"花言巧语" / 陈玲玲
175　诗意的教育　微切的关怀 / 朱晓敏
177　阅读助力成长 / 邢奇志

第七篇　教育边上

- 182　没有毕业季的学校 / 邢奇志
- 184　一杯温开水 / 张立人
- 186　有关爱的谶语 / 何燕
- 188　大声说出"我爱你" / 袁婷婷
- 190　师子 / 何燕
- 192　我们家的"星光大道" / 张磊
- 194　做梦真好 / 曹晓萍
- 196　做一个"听话"的妈妈 / 杨实新
- 198　常回家看看 / 王敏
- 200　每本书都有"我的页码" / 邢奇志
- 202　让心灵之花绚烂绽放 / 朱晓敏
- 204　知恩才能感恩 / 张立人
- 206　我与女儿的钢琴PK赛 / 徐丽君
- 208　"辣条"记 / 张晳钰
- 210　有爱才有家 / 杨实新
- 212　又一朵浪花澎湃了 / 符婷婷
- 214　风吹云，云在动 / 陈星旋
- 216　一起分担，一起分享 / 张磊
- 218　一趟有趣、活泼的学习旅行 / 周源
- 221　窗子以外的惊喜 / 高妍薇

"玩"出智慧

钻石"在手边"

邢奇志

生活,意味着什么?一位智者曾经说过:生活就是生下来、活下去,这就是它的全部意义。遗憾的是,很多人活在生活里,却不曾真正地拥有生活。

生命就像一场马拉松,我们一生都在奔跑,和时间比赛,和伙伴同行,和竞争对手比拼……我们需要停下来,让灵魂跟上自己的脚步。

学校的生活是一幅大拼图。这里,那里,零散地分布着喜悦与绝望。这一切交织在一起。如果你不参与其中,你就会错过全部。真体验、真感悟、真效果是我们工作室伙伴的一贯追求。

工作室的伙伴曰:真诚投入生活,大胆实践、小心求证、忠实记录,是实现教育目标的秘密钥匙。我们像海德格尔笔下的森林管理员,踏出一条条小径。"只是因为它最近在手边",因而难于被发现。我们始终相信,"活动"本身内在地蕴含着一种自我陈述的力量。"活动"的是学生,不是教师或主要不是教师,教师只是随意地捡起"一颗石子"。

工作室的伙伴曰:我们就像是在暗夜中行走的人,随手抓起一把"石头"。经过时光的砂洗,"石头"成了"钻石"。其实它们本来就是钻石,近"在眼前",在批改作业、订正错误、研究讨论的缝隙中,在我们随意翻动的书页里,在与我们和学生一起活动奔跑的发丝上……钻石"在手边",意味着智慧在手边、惊喜在手边、感悟在手边,爱更在手边。

每一种活动、每一种感悟都有不一样的惊喜等着你。它们有的叫"爱",有的叫"情缘",有的叫"信念",有的叫"文化",有的叫"感恩",有的叫"婚姻",有的叫"幸运",有的叫"读书",有的叫"师子",有的叫"无微不至"……它们就是岁月给我们的礼物,点缀每一天的生活,让每一天闪闪发亮。

一千个人有一千种生活方式,而我们自己的方式才是最重要的那一种。我们很幸运,我们有一个个性飞扬的集合体。我们每天都满怀希望,带着感动更带着各种对未来的好奇上路,用心体验每一天的惊喜。

第一篇
爱的智慧

让感恩、鼓励、关怀和爱不再停留在口号上,爱的智慧就是让爱化为一种能力、一种选择、一种行为、一种自然而然的习惯。此"微活动"系列旨在"和谐"青春期学生与老师、家长、长辈、同学、同伴之间的关系。

爱的出发

——爱传递"微活动"之传递蓝丝带

李 刚

活动背景

教育实践的问题就是教育研究的课题,学生的需要、兴趣就是教育探索的出发点和归宿。我一直在思考:什么样的寒假作业是有意思又有意义的呢?思来想去,就做一次蓝丝带的传递吧。我以寒假作业的形式在班级发起一项小规模的蓝丝带赞美行动:给班级每位同学发一条蓝丝带,由他们自己设计造型,写上自己想说的话,可以表达感恩、鼓励、关怀和爱,并送给他们心中最重要的人,帮助他人发觉自己的价值。

活动目的

让感恩、鼓励、关怀和爱不再停留在口号上,而是成为一种行为,成为每个人的一种习惯,以此改善青春期的学生与家长、同学、老师之间的关系。

活动过程

活动一:蓝色的丝带活动开启

班长宣读下面的文章,让同学们明白活动的意义。

我可以为这个世界创造一些价值

美国的布里尼丝女士,发起了一个叫作蓝色缎带的运动。她处处散发这样的缎带,鼓励大家把缎带送给家人和朋友,谢谢这些在我们四周的人。她也四处演讲,强调每个人的价值。这些缎带的传递,引发了许多感人的故事,也改变了许多人的命运。其中有一个故事发人深省:有一次,这位女士给了一个朋友三条缎带,希望他能送给别人。这位朋友

送了一条给他不苟言笑、事事挑剔的上司,他觉得由于上司的严厉使他多学到许多东西,另外他还多给了一条缎带,希望上司能拿去送给一个对自己有重要意义的人。上司非常讶异,因为所有的员工一向对自己敬而远之。他知道因为苛刻,所以自己的人缘很差,没想到还有人会感谢他严苛的态度,把它当作是正面的影响,这使他的心顿时柔软起来。这个上司一个下午都若有所思地坐在办公室里,而后他提早下班回家,把那条缎带给了他正值青春期的儿子。他们父子关系一向不好,平时他忙着公务,不太顾家,对儿子也只有责备,很少赞赏。那天他怀着一颗歉疚的心,把缎带给了儿子,同时为自己一向的态度道歉。他告诉儿子,其实儿子的存在带给他这个父亲无限的喜悦与骄傲,尽管他从未称赞儿子,也少有时间与儿子相处,但是他是十分爱儿子的,也以儿子为荣。当他说完这些话,儿子竟然号啕大哭。儿子对父亲说,他原以为父亲一点也不在乎他,他觉得人生一点价值都没有,他不喜欢自己,恨自己不能讨父亲的欢心,正准备以自杀来结束痛苦的生活,没想到父亲的一番言语,竟打开了心结,也救了他一条性命。这位父亲吓出了一身冷汗,自己差点失去了独生的儿子而不自知。从此他改变了自己的态度,调整了生活的重心,也重建了亲子关系,加强了儿子对自己的信心。就这样,整个家庭关系因为一条小小的缎带而彻底改观。爱其实很简单,简单到可以通过一条小小的蓝色缎带体现出来。爱也是最伟大的,它对人类心灵、思想和行为的影响,是任何东西所无法企及的。我们不仅要爱祖国、爱集体、爱他人,还要关爱自己,挖掘自己身上的潜质,发现自己的价值,并利用自己的爱来改善人心、改变世界。

活动二:发放蓝丝带

发放蓝丝带时,教师的指导语十分重要,它是引领、落实"微行动"的飘扬彩旗。

人生十恩不能忘

人的一生有十种恩情不能忘记:① 父母养育之恩。十月怀胎,冒险分娩,精心喂养,呕心沥血,养育成人,极尽财力、精力。儿行千里母担忧,冷暖成败均在父母惦记之中。父母大恩终身当报。② 遇险救命之恩。天有不测风云,遇险时的救命恩人,无论是意外险、病险还

是危及生命的天灾人祸的救命恩人,都应终身相报。③ 良师培养之恩。无论是学文习武,还是士工农商、影戏科研,如遇良师导引,终身受益。恩师之恩当衔环相报。④ 指点迷津之恩。小至迷路、学无方向、课题阻滞,大至人生迷向,若有人给以指点、施以思想火花,则能茅塞顿开,端正方向,避免走上歧途、陷入绝境,从而前途一片光明。指点迷津之恩当加倍相报。⑤ 急难相助之恩。遭遇急难、处于绝境之时,有人倾囊相助,使己绝处逢生,此恩莫大焉!⑥ 兄弟手足之恩。兄弟如手足,同是父母的血脉,同在一个家庭成长,同是父母的希望,同样的亲情、同一个根。兄弟情深,手足恩重。⑦ 天地精微之恩。人在天地之间,衣食靠天地之精华,应报天地之恩,爱护环境,保护环境。⑧ 伯乐推荐之恩。⑨ 夫妻之恩。⑩ 上司提携之恩。

当然,我们送出去的也可以是鼓励、关怀和爱。

活动成果

成果一:造型选展

成果二:行源于情

友情

1. 杜天钰是我认识的关系最好的朋友,他为人很好,很负责,对人诚恳。他介绍给我很多让我受益终身的东西,包括电视剧《神秘博士》。这次我送给他蓝丝带,为了感谢他对我的恩情和友情。我做了一个莫比乌斯环送给他,上面写道:"你是我最好的朋友,希望我们的友情如同这莫比乌斯之环一般永无止境。"

收到我的蓝丝带后,杜天钰先是一怔,没反应过来这是什么,随后则十分感动,感谢我的深情。他对我说:"你也是我最好的朋友。我很感谢你的心意,很高兴我的生命中有你。我们永远是朋友。"

2. 今天,我用蓝丝带做了一个树叶形的书签,我把它送给了包心悦。她总是乐于助人,在我需要帮助的时候,总是伸出援助之手。我十分感谢她,她给了我很多鼓励和安慰,想起一切,我只想对她说:"谢谢!"

收到我的书签后,包心悦激动地对我说:"收到你的书签,我的心里很欣喜、很感动,谢谢!收到这条饱含祝福与爱的蓝丝带,我十分幸福,我会继续传递的,传递这份爱、这份幸福与喜悦!"

3. 我送给范曹阳一条蓝丝带,写道:"多少个细雨蒙蒙的日子,独自徘徊在校园,去寻找欢笑,久久地,久久地,不肯离去;多少次望着满地的落叶,都压抑不住内心的冲动,去挑拣树叶,深深地,深深地,渴望把回忆珍藏。青春的那些镜头——我们常常记得那些惊天动地的大事,却来不及看一看身边的朋友。当这些故事、这些文字展现在眼前时,我们回忆,我们惊叹,我们后悔,我们振奋。友情没有大风大浪,却如此动人。"

亲情

1. 连昭对妈妈说:"妈妈,谢谢你这些年养育了我、教育了我,在我遇到困难时帮我解决困难。你像孟母一样三迁,只是为了给我创造更好的条件。谢谢你,妈妈!"

妈妈对连昭说:"看到你为我做的东西我很感动,虽然并不是很华丽、很精致,但是有你这份心我就满足了。你的健康快乐就是我最大的快乐。我再苦再累也无所谓。你的行为令我感动无比。我为有你这样的儿子感到骄傲!"

2. 我给爸爸妈妈写了一封信:"世界上最甜美的文字是'母亲',最美好的呼唤就是'父亲'。在我广阔的人生海洋中,你们的爱就像一座小岛,是避开汹涌波涛的平安宁静之地。在我最无助的时候,你们给予我鼓励;在我最焦虑的时候,你们给予我建议。感谢你们,给你们添麻烦了。我爱你们!"

爸爸妈妈给我回信道:"亲爱的宝贝,

很意外收到你的信。信中字里行间表达出了你对我们的爱,谢谢宝贝!我们看到了一个越来越懂事的你,感到欣慰。人生最好的年龄就是中学时代。这个阶段你也能学到很多知识和做人的道理,为自己的人生奠定坚实的基础。只有珍惜,只有努力,只有发愤,只有拼搏,才能结出丰硕的果实!性格决定命运,乐观的人会在逆境中找到快乐。我们会为你创造一个温馨和谐的成长环境。家,永远是你温暖的避风港。希望你永远积极乐观地面对一切困难!"

3. 我把书签送给我哥哥,感谢他一直以来对我学习的帮助,感谢他对我无微不至的关怀!哥哥也快大四了,祝愿他找到一份好工作。

成果三:思源于行

学生感悟

我把用蓝丝带精心制作的书签送给我的父亲,感谢他数年来为我所付出的努力以及对我的关爱。父亲,你是我最想感谢的人。

不知不觉中,我与父亲已经度过了十多年的时光。我跟着时光不断地前行、成长。而父亲则在我的背后挡风遮雨,付出自己的汗水,为我开辟出前进的

道路。当我恐惧时,父亲犹如一盏明亮的油灯,为我指明前进的方向;当我悲伤时,父亲犹如一条潺潺的溪流,滋润着我的心田。当我将手中的书签交给他时,一股强烈的暖流直上心头。

家长感悟

女儿:

很意外,今天收到了你的感恩蓝丝带。虽然从小到大,你对我说过的感恩话语很多,但每次都如初次一样意外、感动……

是呀,一个人不管他取得多大成就,如果没有一颗感恩的心,那么再灿烂的光辉也会失色不少。我也感恩于学校的老师,能够在学生成长的过程中,时刻提醒他们,教育他们,展现他们那一颗感恩的心,让那颗珍珠般的心永远熠熠生辉。

教师感悟

人来到这个世上的目的是什么呢?有人说,是磨砺;有人说,是承担;有人说,是感受;有人说,是传承;有人说,是学会。而我觉得,每个人来到世上是为了陪伴。陪伴身边和周围的人,是我们每个人一直在做的。感谢、鼓励、关怀和爱陪伴我们的人,无论他们是长久地存在于你的生活中,抑或只是短暂地与你相识沟通。感谢这些人,因为他们或长或短的陪伴,才让我们的人生充实。将手中的蓝丝带赠予他们,将感谢、鼓励、关怀和爱传递给他们,让他们知道自己存在的价值。

成果四:生成系列

一次体验,多种解释;一次行动,多维裂变。理想的多米诺骨牌教育效应已经产生,孩子们已从"被活动"向"我活动"的方向趋近。比如"小小书签·意义特别"活动就是这次活动的一个后续。

书签是为标记阅读进度而夹在书里的小薄片儿。书签可以用来定位与记录自己学习与阅读的进度,可以作为自己行程与前进的标识,还可以作为一种文化用品,起独特的作用。

所以,若能设计出一些有学校特色的书签,配上蓝丝带,在母亲节、父亲节、教师节、感恩节时发给学生,让他们写上自己想说的话,画上自己想画的画,送给陪伴在他们身边的人,这样的表达感恩、鼓励、关怀和爱的行动不就可以成为每个人的一种习惯了吗?

感恩不是简单的报恩,它是一种责任、自立、自尊和一种追求阳光人生的精神境界!感恩是一种处世哲学,感恩是一种生活智慧,感恩更是学会做人、成就阳光人生的支点。从成长的角度来看,心理学家们普遍认同这样一个规律:心若改变,态度就跟着改变;态度若改变,行动就跟着改变;行动若改变,习惯就跟着改变;习惯若改变,性格就跟着改变;性格若改变,人生就跟着改变。让我们行动起来,收获我们美丽的人生!

爱 的 故 事

——"光彩班"庆"三八"妇女节主题班会

孙丽娟

活动背景

再过几天就是"三八"妇女节了。平时妈妈和其他长辈们总是不辞辛苦、默默地为我们付出。"慈母手中线,游子身上衣",母爱永远是个温暖的话题。母爱,是送给婴儿甜甜的吻,是清晨路上的几句叮咛,是眼角两旁的一条皱纹,是秋风吹散的一缕白发……母爱是世界上最伟大的爱,长辈的爱也是世界上最无私的爱。在成长的路上,我们接受了太多的关爱。作为孩子,我们想过如何关爱妈妈和其他长辈吗?

小时候总是妈妈给我们讲故事。结合学校之前搞的"我为爸爸妈妈讲个苏州的故事"活动,考虑到许多妈妈为了生活而奔波,虽然来苏州已经不少年了,但从来没有空暇好好了解过苏州,好好看过苏州的山山水水,今天,我们也来给妈妈们讲个苏州的故事。

活动目的

"三八"妇女节即将到来,你们是否也想借此机会为关心你的妈妈、奶奶、外婆、老师做点什么呢? 那就在妇女节为她们献上一份最诚挚的爱,送上最特别的节日祝福吧。知道吗? 即使是你做的一件小事或有一点小进步,也是长辈们最喜爱的礼物。

活动过程

1. 介绍"三八"国际妇女节的由来。

2. 同学代表给妈妈讲述苏州的故事(园林的故事、昆曲、评弹、苏州的传说、苏州名人的介绍等)。学生讲完后现场采访妈妈的感受。

3. 李淑君邀请三位伙伴一起讲述苏州的故事(身边最熟悉的人的故事,班主任及语文、数学、英语老师的故事)。祝妈妈、老师节日快乐!

4. 亲子游戏。

(1) 家庭写真。

我的生日：＿＿年＿＿月＿＿日	妈妈的生日：＿＿年＿＿月＿＿日
我最爱吃的菜：＿＿＿＿＿＿＿	妈妈最爱吃的菜：＿＿＿＿＿＿
我的爱好：＿＿＿＿＿＿＿＿＿	妈妈的爱好：＿＿＿＿＿＿＿＿
我的缺点：＿＿＿＿＿＿＿＿＿	妈妈的缺点：＿＿＿＿＿＿＿＿
我的优点：＿＿＿＿＿＿＿＿＿	妈妈的优点：＿＿＿＿＿＿＿＿
我是个＿＿＿＿＿＿＿＿＿的人	妈妈是个＿＿＿＿＿＿＿＿的人

活动中，当主持人将答案报出时，孩子们在大笑过后，陷入沉思。参加活动的组合，都是妈妈了解孩子比较多，而孩子了解妈妈很少。通过这个活动，孩子体会到了妈妈对自己的爱，体会到了自己平时对母爱的忽略。

（2）"左手，右手"。

邀请父母和孩子一起参加。所有成员手拉手围成一个圆圈。大家先向左转，给左边的成员敲敲背、捶捶肩。然后向右转，给右边的成员敲敲背、捶捶肩。每个人要记住自己左手和右手分别拉的是谁，然后按照领导者的口令跑动。待领导者喊"停"时，大家都站在原处，双手去拉原先左手边的成员和右手边的成员。这时形成了一个结，大家可以通过各种方式解开这个结，但不能松开手。

通过这个活动，孩子体会到：不管多大的困难，只要大家紧拉手、发挥聪明才智、利用集体的力量，就能克服。

请同学们再拉拉妈妈的手，和妈妈说一句话，均要以"我要说声谢谢您，妈妈"开头。

班主任简单点评。

5. 清唱《感恩的心》。

全班同学清唱《感恩的心》。

活动效果

本次班会课，苏州教育电视台进行了拍摄报道，报道内容如下：

班会上，妈妈们围坐在一起，听孩子们述说着苏州的名胜古迹、名人轶事，有的还讲起了与老师们之间的有趣故事。短短四十分钟的班会课，妈妈和孩子们流泪了一次，沉默了一次，大笑了五次，鼓掌很多次。妈妈们告诉记者，其实故事的内容并不重要，孩子讲得好坏也不重要，看着孩子如此快乐地成长着，心中不由自主就涌出对苏州强烈的感恩之情，此刻的情绪比任何时候都要激动。

主题班会在《感恩的心》的歌声中结束了，这温暖的旋律唱出了所有孩子在妇女节这一天的心声。

"光彩班"教学被评为苏州市 2009 年精神文明十大新事,2009 年接受中央电视台采访。2010 年"光彩班"获得苏州市第五届"阳光团队"。

(此方案获得第九届全国中小学和中职学校思想道德建设优秀成果展评活动一等奖)

爱的"表情"
——我们班的"全家福"

张 磊

活动推荐

形式新颖,时间灵活,操作简便,活动有益,集体回忆,充满爱。

活动目的

通过限时很短的拍集体照活动,让学生体会到完成一项人人参与的集体活动既要有分工又要有合作,感悟到集体活动事先做好计划是必不可少的,有人统筹安排、组织协调也是很重要的,从而增强班级凝聚力,加强学生的团结协作能力。

活动一:"无心"的表情

十一月初,实习教师离开学校前想要和全班同学合影留念,于是决定拍集体照。

要求:事先不要做任何准备(如果不能拍成功,可能会有更深的体会和感悟)。

活动过程

由于时间匆忙,事先并没有计划,只想高效地拍好照片,所以拍照之前我对学生的要求只是在五分钟之内摆好造型而已,当然超时是要罚去活动时间的。于是这"漫长"的五分钟便在混乱中度过,小伙伴们跑来跑去,嘈杂声音不断。最后还是在数学课代表主动站出来指挥、协调之后,才在规定时间之内排好了队伍。虽然按时拍好了照片,但过程相当无序,当然造型也比较随意。

活动效果

留下了一些遗憾,无奈反思:怎样才能拍好集体照?要完成一项集体活动,哪些条件是必不可少的?

活动二:"五星"的表情

一周后学校要制作新的班牌,要求放上集体照。大显身手的机会到了!受到上次拍照的启发,事先必须做好充分准备(一定要拍成功,时间越短越好)。

活动过程

这一次我事先通知了学生,同时说明这次的集体照要放在班牌上展示出来,要体现班级特色和班级精神!每一组至少设计一个图案,正、副班长负责组织,全体同学举手投票表决选定最终方案。选出方案后,班委、组长负责分工安排好画图案和同学们的站位等,最后拍照。

因为方案被选中的小组有奖励,所以两天内同学们踊跃提供材料,我也参与了初步的筛选,选择了三张比较容易操作的图案。由于我们是五班,最后举手表决确定了圆中带五线(代表五星)的图案。这一图案是第三小组提供的,所以第三小组负责在地上画图。他们利用中午休息的时间用粉笔、绳子等工具在地上画好了图案。

当我宣布拍照活动开始时,每个小组由组长负责按高矮、男女排好了队,再依次站到画好的位置上,最后整体调整一下。大约三分钟,学生们就摆好了造型,顺利完成了活动。

第一篇 爱的智慧

活动效果

截然不同的照片,带来截然不同的反思和成长感悟。学生们自己学会了组织、策划。每个人都学会了面临问题时想一想:每次集体活动中我可以做些什么,我可以起到什么作用。

爱的"回眸"

——小伙伴的成长记

金 璇

活动背景

有一次在整理照片的时候,我发现班里的小伙伴三年的变化很大,就把一些照片发于班级群中共享。大家看到照片很激动,纷纷感慨时间飞逝,一致认为应当想办法把这三年来的成长过程通过某种方式保留下来。于是班里开展了"光彩回眸"活动。回眸这三年来欢畅的笑声,回眸这三年来挥洒的汗水,回眸这三年来收获的成熟。通过回眸,可以让小伙伴们更加珍惜初三仅剩不多的宝贵时光,让小伙伴们更清楚地审视自我、认识自我,增加班级的集体凝聚力!

活动目标

爱的"回眸"——小伙伴的成长记主要是分两个方面来进行的。一方面,让小伙伴每天记录初三最后的辛路历程,分享每天的心情;另一方面,回忆分享那些年的时光,完成成长手册的记录。

活动过程

一本个人日记本

让小伙伴们每人准备一本笔记本,每天放学前,用五分钟左右的时间记录下当天对自己满意的事情,内容不限,可以写自己在学习方面的进步,也可以是体育训练项目上的提高,也可以是生活习惯方面的小小进步,短则一句话,长则一段。如果觉得自己对自己没有什么满意的,也可以不写。

一本共同成长录

准备一本大的笔记本,前面当作相册来用,张贴一些小伙伴三年成长的照片,如参加初一入学军训、光彩少年的宣誓、小红帽志愿者服务活动、每年的校运动会、文化艺术节春游、秋游等的照片。照片的排版和张贴由小伙伴负责设计。考虑到初三的课业压力比较大,小伙伴每周轮流记录分享他们这三年的成长过程,内容可以是最难忘的经历,最想感谢的一个人,最想对学弟、学妹说的话,等等,文体不限,题目自拟。同时,向小伙伴们征求班级成长手册的名称,每人至少想一个,最后根据得票数来选出成长册的名称。每周,小伙伴写完后放于班级传阅,其他小伙伴可以发表感言,在下面跟帖留言。

活动效果

实施两个多月下来,效果不错。很多小伙伴慢慢地通过每天的进步记录,学会了认识自我,学会了自我评价和总结。每天都有小伙伴高兴地记录着"我今天跳绳终于跳满150个了","我今天英语默写100分","我今天背书一次通过了","我今天没有重默",可见小伙伴们的自信心增强了。至于每周的成长记录手册,小伙伴们记录得就更加积极了。而每当有小伙伴写完,大家都争先恐后地前去翻看,共享他人的快乐。

活动反思

虽然这个活动受到了小伙伴们的欢迎,但还是存在一些不足。可能是由于初三时间紧,功课任务重,有些学生写得不是很认真,只是敷衍几句。我想,今后可以让方式多样化。

首先,定期反馈。做到定期把册子收上来,翻看小伙伴的心情,给他们一些及时的反馈。当发现他们遇到一些困难苦恼时,可以给他们一些有用的小贴士,给他们一些正能量,让他们感受到温暖。

其次,及时分享。可以不定期让组长对其小组整体进行点评,分享小组的进步和快乐,这样能更好地培养组长的领导能力,同时加强组员间的团结和合作。

最后,师生共写。敞开胸怀,接受、理解学生,从多方面刺激学生的学习兴趣点。

爱的"体验"
——感受春天 感受生命

张 磊

活动背景

春天,春暖花开,万物复苏。在这个春的季节我们是否发现了春之美?

春天,万物生长,生机盎然。在这个春的季节里我们是否感受到了生命之美?

活动目的

春天,不要只埋首于学业中。让我们走出教室,感受春天,播撒种子,感受生命,珍惜生命。

活动过程

走进校园,感受春天

走出教室,来到校园,看看绿叶,看看红花,感受春天。

分工合作，播撒种子

每组种一盆花：先学习种花程序、注意点，再按步骤完成，最后定期养护。分工合作，共同完成。

第一步，先在盆中放入营养泥。

第二步，给营养泥浇水。

第三步，撒下种子。注意撒好种子后还要再盖一层土。

最后，浇上生根水。

爱的"体验"

感受春天 感受生命

终于,七个组都完成了!但接下来的日常照料才是最考验人的!

活动效果

感受生命,写下感悟:

1. 走进校园,你从哪些地方感受到了春天?
2. 播撒种子、日常照料等,你参与了哪些环节?
3. 从播种、发芽到生长开花,你感受到生命的来之不易了吗?
4. 植物的生命尚且来之不易,那你的生命呢?你要如何珍惜?

活动感受

后 记

两三个星期后,经过大家的精心照料,种子终于发芽了!生命的气息扑面而来。请珍惜一切来之不易的生命吧!

爱的"拍卖"

——探索人生的价值

赵瑞莹

活动目的

1. 激发学生思考自己的价值观念,学会抓住机会,不轻易放弃。
2. 帮助学生体验和澄清自己的人生态度。

活动过程

活动时间

大约需要 25 分钟。

活动道具

足够的道具钱,不同颜色的硬纸板,拍卖槌。

活动场地

教室内。

活动程序

1. 事前准备。

将拍卖的东西事先写在硬纸板上(最好是不同的颜色),以增加拍卖的趣味性及方便拍卖进行。

2. 游戏规则。

每个学生手中有 1000 元道具钱,它代表了一个人一生的时间和精力。每个人可以根据自己对人生的理解随意竞买下列清单中的东西。每样东西都有底价,每次出价都以 100 元为单位,价高者得到东西,有出价 1000 元的,立即成交。

竞买清单:① 有交心的知己;② 每次考试超常发挥;③ 知道自己的未来;④ 情商超出常人;⑤ 聪明;⑥ 有一门拿手的才艺;⑦ 将来有一份稳定的工作;⑧ 和父母的关系和睦;⑨ 恒心、毅力;⑩ 青春永恒;⑪ 未来实现自己的梦想;⑫ 穿越到以前;⑬ 诚信;⑭ 一张永远刷不完的信用卡;⑮ 长命百岁;⑯ 良心;⑰ 与父母共进晚餐;⑱ 人缘极好;⑲ 拿到理想学校的录取通知书;⑳ 每天都能吃到美食;㉑ 拥有一个图书馆;㉒ 礼貌;㉓ 有一个永远健康的身体;㉔ 有一个属于自己的岛;㉕ 父母有一个健康的身体。

3. 举行拍卖会。

(1) 由主持人或学生主持拍卖。

(2) 按游戏方式进行,直到所有的东西都被拍卖完为止。然后请学生认真考虑买回来的东西。

4. 讨论交流。

(1) 你对买到的东西是否后悔?为什么?

(2) 在拍卖的过程中,你的心情如何?

(3) 有没有同学什么都没有买?为什么不买?

(4) 你是否后悔自己刚才争取的东西太少?

(5) 争取过来的东西是不是你最想要的?

(6) 钱是否一定会带来快乐?

(7) 有没有一种东西比金钱更重要,或比金钱能带来更大的满足感呢?

(8) 你是否甘愿为了金钱、名望而放弃一切呢?有没有比上面所说的那些更值得追寻的东西呢?

注意事项

1. 在拍卖的过程中,要注意纪律不能太乱,否则活动就成为乱哄哄的滑稽表演。

2. 有的同学可能会重复使用自己手中的道具钱,主持人应注意提醒这些学生购买所付出的钱不能超过1000元。

活动反思

同学甲:通过这次"微活动",我明白了,想要的东西就赶紧争取,机不可失,时不再来,错过了只能抱憾一生。我也明白了,那纸上虽然只是一个美好的愿望,但我们也要努力实现它。

　　同学乙:这次"微活动",我们做了一个有趣的游戏——竞拍。在活动一开始,班长强调她手中有 25 件大家梦寐以求的东西。游戏开始了。随着一件件东西被同学们竞相拍走,我越来越犹豫,他们买到的我都挺想要,但我坚信班长手中一定还有更加有价值、我更加需要的东西。于是,我错失了一次又一次机会。有几次,它们离我那么近,我却与它们擦肩而过。我想起以前读过的一篇文章,苏格拉底带着他的弟子去一片麦地里寻找一颗最大的麦穗,并且不能回头,许多人走完了麦地,却一无所获,就像我一样。我想,在人生的旅途中,没有返程票,有的人把握住了机会,就能欣赏到沿途的风景,有的人却不然。我们应珍惜眼前的每一次机会,把它当作对自己的考验。

　　同学丙:这次"微活动",我认为我最后空手而归的原因是未能适时地把握时机。我总认为好的东西还在后面,所以我并没有参加竞拍。可每当我看到有我所需要的东西时,却总是被别人抢先了。直到最后一张时,为时已晚,又被别人以最高价拍走。

　　同学丁:通过此次活动,我明白:该努力奋斗时便要努力奋斗,不能犹豫不决、将期望留到最后,殊不知这样可能失去先前的契机,也把握不住最后的机遇,到最后一无所有。

　　同学戊:这次"微活动"竞拍了几乎所有人都梦寐以求的东西。有些同学该出手时就出手,有些同学在一件件减少的东西中踌躇不已,最后只剩下后悔。人生是在经历了一次次的选择后慢慢消逝的,学会在对的时间做对的选择至关重要,既不能武断,也不要犹豫太久。这次"微活动"拍卖的虽然只是名义上令无数人追求的东西,却成为我们今后人生的目标、梦想和努力的方向。我们只有把握现在,才能更好地争取未来。

爱的"信任"
——从相信自己开始

张立人

活动背景

该班学生无论是在学习成绩方面还是在行为习惯方面,在整个年级中都属于相对落后的群体。学生潜意识里已经把自己定位为"差生"。造成这一现状的原因有二:其一是学生初一入学时,本身的学习能力比较弱,行为习惯培养不到位;其二是长久的挫败感让他们对自己越来越没有信心。从初一到初三,他们接受的批评比表扬多,负能量比正能量多。

活动目的

通过活动,让学生认识到很多事情没有自己想象中那么难,要敢于尝试,战胜自己心中的恐惧和胆怯,相信自己可以做好,慢慢变得自信。

活动过程

第一部分:抢座位

几位同学来抢坐排好的座位。坐在前排的同学要先回答老师的一个数学问题,然后所有人要相应地回答老师下面的问题:

1. 为什么坐前面的座位?想不想坐后面的位置?
2. 为什么坐后面的座位不坐前面的座位?

第二部分:跟我做

请一位同学带领全班同学抬头、挺胸、微笑,跟着音乐的节奏一起拍手。

活动特色

1. 活动过程耗时不长,两部分活动加起来10分钟就可以完成。
2. 不受场地和人数的限制,不需要道具,简单、易操作。
3. 适合任何年级,特别适合不太自信的学生。
4. 能让学生在轻松的游戏中学习到如何培养自信。

活动讨论

活动后,学生们写下了自己的活动体会。

学生1:等我反应过来去抢座位的时候,只剩下第一排第三个座位了,我只能坐下。老师开始提问我的时候,我特别紧张,因为我的数学不好。后来老师问我1+1等于多少时,我愣了一下,怎么会这么简单,我有点不相信。

学生2:同学回答完1+1等于多少后,轮到我回答。我想第一题肯定是陷阱,第二题肯定很难。没想到是2+2等于多少,我很快答了出来。其实没有那么难嘛,坐前面也没什么坏处,也许越往后做的题目会越来越难。我当时有点开心。

学生3:老师说要做数学题,我就有点怕。所以游戏一开始,我就很快抢到了最后一排的位子,心里松了口气。可是后来发现,老师问的问题很简单,我都会回答,就有点后悔,怕轮到自己的时候越来越难。

学生4:如果让我上去抢座位,我肯定抢后面的。后面的座位可以晚一点回答问题,可以看看是什么样的问题。如果太难,前面的同学回答不出,那我回答不出来也不至于太尴尬。

学生5:这个抢座位的游戏让我觉得,其实坐前面有时候没有想象中那么恐怖。

学生6:一开始带大家拍手的时候,我特别紧张,把抬头、挺胸、面带微笑这些要求全部忘记了,我就想着快点结束。平时我还挺活跃的,可是今天一上去就特别紧张,不敢看大家,看来以后还是要多多锻炼。

学生7:我是第二个带大家拍手的。因为第一个同学拍完以后,老师做了一些总结,所以我特别注意抬头、挺胸、面带微笑。一开始有点不好意思,后来发现正视同学以后越来越自信。

学生8:老师要我们举手参加第二个游戏的时候,我本来想参加,可是有点不好意思。后来我看台上领我们拍手的同学越来越自信,我觉得我以后也应该勇敢地举手。我相信自己会带领得更好。

第一篇 爱的智慧

活动感悟

孩子在成长的过程中会遇到各种各样的挫折和批评。有些挫折会让孩子一蹶不振，有些批评会在孩子心里深深扎根。这些负能量往往会影响一个孩子性格的形成，部分孩子在某些方面会慢慢失去信心，有些甚至会自卑。

在这次活动的第一部分，很明显，几乎参加的所有学生都想坐在后排，避免被老师提问。其实这种现象并不罕见。在各种讲座、比赛等活动场合，大部分学生在没有规定座位的情况下都会选择靠后坐。学生把后排座位看作是安全度极高的座位。特别在这样一个各方面都不优秀的班级中，数学是学生们的薄弱点。所以当听到坐前排要先回答数学问题时，大家心里都是非常紧张和害怕的。这种情绪来自他们的自我认识，他们认为自己是回答不出数学问题的。但是，当发现回答的数学题目非常简单的时候，坐后排的同学又开始有点后悔，有人觉得坐后面失去了表现的机会，有人担心轮到自己的时候问题越来越难。这个游戏充分反映出了学生的不自信，也告诉他们，不是每一件事情都像他们想象的那么难，不是每一件事都是他们做不好的，只有努力尝试、相信自己，才会有成功的可能。

这次活动的第二部分是在第一部分的基础上，通过一个小游戏慢慢让学生学会自信。在公共场合面对很多人时，不自信的学生不管平时如何活跃，总会显露出胆怯和害怕，其表现往往是声音较轻、面部僵硬、不敢抬头、眼神飘忽、不敢与观众交流等。所以在游戏中，首先要求带领的学生抬头、挺胸、面带微笑，在形象上慢慢培养自信。然后要求带领的学生跟着音乐有节奏地带领大家拍手。在这个过程中，带领的学生需要相信自己打出的节拍是正确的，才能带领大家有序进行游戏。第一个学生表现得显然不够自信，在对第一个学生的表现进行总结后，第二个学生明显有了进步，表现得很自信。

学生的自信不可能在一个游戏中被培养起来，还是要在平时的点滴中培养学生的自信。这次"微活动"虽然耗时不长，但帮助学生开始认识到自己也可以变得自信，凡事要勇于尝试。

第二篇
人际智慧

"我在你眼中,你在我眼中",通过对"体验""反馈""触发"各种步骤的处理和运用,提高了学生行为的目的性和预见性。透过"别人的眼光",预见到自己的积极行动可能产生的积极效果,并以此制订未来的积极行动方案,并有预见性地引导自己的行动。这种内省驱动力能让学生自我激励,让他们成为自己行为的主人。

我的生命线

朱 宏

活动目标

1. 促使学生了解时间的特性,管理时间的重要性,体验时间流逝和不可逆转。
2. 帮助学生审视自己的时间管理状况,树立珍惜时间、合理利用时间的意识。
3. 让学生学习有效的时间管理方法。

活动背景

处于初中阶段的学生,其自我意识还没有完全形成,自我控制能力也不强。随着学业负担的增加,学习效率也会随之降低。珍惜和合理利用时间是有效学习的关键。因此,有必要让学生领悟时间的重要性,指导学生珍惜和合理利用时间。

活动过程

1. 让学生准备一根长为20cm的纸条,并在纸条上画好5到100的刻度(每1cm表示5),纸条的宽度不限。

2. 根据2013年世界卫生组织公布的数据,中国人的人均寿命为76岁。将纸条76到100的部分撕去,剩余的纸条就代表每个人的生命。

3. 对于初一的孩子,一般年龄都在12~13岁。对于过去的时光我们已经无能为力,因此将纸条前面0到13的部分撕去。

4. 当今社会一般全日制大学生本科毕业年龄为22~23岁,我们将其看作毕业后直接找到工作。于是将剩余的纸条从23的地方一撕为二。13到23的部分可看作在校学习时间,23到76的部分可看作工作及退休时间。(可让孩子说说学习与事业的关系与联系)

5. 再将13到23的纸条分成初中、高中、大学三大部分,每一部分都息息相关、互相联系。(可让孩子说说初中、高中的重要性)

6. 这时初中部分的纸条只有13到15部分,其长度不足1cm。还要在此基础上撕去1/3睡眠时间,撕去吃饭、清理个人卫生、交友、体育锻炼、看电视等的时间。此时,很多同学的纸条已经很短了,很多同学已经舍不得继续撕下去了。

7. 剩下的纸条就是能实现梦想的时间。让学生拿着手中的小纸条谈谈此时的感想。

活动反思

1. 管理好课堂听课时间。学生的大部分宝贵时间都是在课堂上度过的。如果这部分时间管理不好,听课效率不高,学习就事倍功半,效果大打折扣。

2. 提高平时学习效率。有的学生懂得珍惜时间,但有拖拉的习惯。应养成遇事不拖拉,必要时设定完成期限的好习惯。

3. 善于利用零碎时间。

我的时间表

——"体验一分钟"班级活动

张 磊

活动背景

初一下学期实行"分层教学"之后,数学、英语两门课程原先的整班评讲、订正的模式被打破,要求学生逐一找老师面批订正。于是大部分学生的课余时间在忙乱中度过,跑东跑西找老师订正,既浪费时间,又效率极低。

活动目的

希望通过这一活动让忙乱的学生意识到时间的宝贵,感受到一分钟也能做很多事情,懂得珍惜时间,学会充分利用时间,合理安排时间。

活动过程

感受一分钟

1. 老师提问:你觉得一分钟长吗?(可以让学生各抒己见并说明理由)

2. 那就让我们来实际地感受一分钟到底有多长吧:

所有学生端正坐姿坐好,保持严肃认真的状态,静下心来,闭上眼睛,安静地感受一分钟。

3. 感受之后,老师再提问:你觉得一分钟长吗?(再次让学生各抒己见并说明理由)

书写一分钟

1. 猜一猜一分钟能够写多少个"赢"字?(按平时正常书写速度)

2. 实际书写一分钟:所有学生做好准备,按平时正常速度书写"赢"字一分钟。

3. 比较每个同学书写"赢"字的个数(大约20个"赢"字)。

闭上眼睛感受一分钟

书写"赢"字一分钟

估算一分钟

1. 分组：3~4人一组，每组准备一只手表。

2. 估算：每组中一个人闭上眼睛估计一分钟，自己觉得到了一分钟时就睁开眼睛。

计时：每组中另一人记录估算者闭上眼睛的时间。

干扰：组内其他人员用各种方法干扰估算者。

3. 组内每人轮流体验，并将估算的时间进行记录、比较，看谁估算的时间最接近一分钟。

写下你的感受

在你感受了一分钟、书写了一分钟、估算了一分钟后，根据下列问题写出你的感受：

1. 一分钟长吗？

2. 一分钟能做多少事情？

3. 相同时间内做的事情的多少与哪些因素有关？

4. 你一天中有多少时间可以自己支配？你是如何利用这些时间的？今天之后你会如何统筹安排这些时间？

活动特色

1. 用时短，十几分钟就能完成。

2. 可操作性强，在班级内就能够进行，不需要做太多的准备。

3. 参与面广，每个学生都能参与体验。

4. 学生积极性高，特别是在估算一分钟环节，学生一方面想尽办法准确估算，另一方面又尽力干扰他人，十分活跃。

5. 感受性强，亲身体验参与。

活动反思

教师感悟

一分钟的长与短始终在那里，不多也不少，不长也不短，不会因为任何人而改变，但是利用相同时间做的事情千差万别。只有统筹安排时间，合理利用时间，排除其他干扰，才能充分发挥时间的作用。

学生感悟

感受一分钟时，时间好像很漫长。书写一分钟时，时间却又过得那么快。一分钟内我只写了20个"赢"字，与我估计的写40个相差甚远。这是时间的"相对论"吗？

几乎没有人能够准确无误地估算出一分钟，这也证明了时间的流逝难以捉摸。所以我们要把握好时间，做时间的主人。

我在你的掌心
——成长·温情·回顾

王 敏

活动背景

三十个孩子、一个教室组成的班级应该是一个有温度的精神家园。一个在9月刚刚组建起来的初一年级的班级在经历了将近5个月的师生磨合,学生在经历了学业的起伏得失、朋友的聚散离合后,即将迎来寒假。这个时候应该让班级里逐渐升温的温情和归属感凝聚、增强。

活动目的

活动应用的对象为初一年级的班级,时间为第一学期期末放寒假前。刚刚完成了期末考试,学生如释重负,早已憧憬着寒假。但是对于一个刚刚组建几个月的班级,班主任更应该让学生回顾这个从陌生到熟悉的班级一学期或跌跌撞撞或一帆风顺的历程,让学生在结束一学期的学习后对自己所处的班级产生无比自豪的感情。

活动过程

活动准备

老师根据班级学生数准备好相应数量的彩色信笺,老师事先写好赠送给学生的信笺。

追忆往事

为了活动能有效开展,老师向学生真诚地诉说带班几个月来的心路历程或和学生相处的点滴往事,以期学生能受到感染,真诚交流。

学生动手

给学生10分钟左右的时间,让他们将自己想对老师或某位同学说的话写在彩色信笺上,写完后可折叠成较小的星星、玫瑰、纸船等形状。

活动启动

老师和学生相向围成一圈站立,两手交叉放于背后,右手在上,左手在下,手掌皆朝上。将写好的信笺放于左手掌上。

活动过程

1. 所有同学和老师闭上眼睛。老师用右手轻拍右边同学的左肩。右边的同学离开自己的位置,从围成一圈的所有同学背后走过,将已经写好的信笺放在要相送的那位同学的右手掌上。

2. 第一位同学走完一圈,回到自己的位置,重复老师刚刚的动作。下一位同学开始走一圈,同样将已经写好的信笺放在要相送的那位同学的右手掌上,依次类推。

3. 最后一位绕大家一圈的是老师。老师在走的过程中观察哪些同学没有收到信笺,可以从事先准备好的信笺中挑选出送给相应同学的信笺放在他们手中。

4. 所有同学都不打开手心的信笺,进行第一次感受分享。

5. 所有同学都打开手心的信笺,然后进行第二次感受分享。

活动特色

文字的表达相对于面对面的口头表达更细腻、更直接、更大胆。活动中有10分钟左右的时间留给学生写,写往事、写感动。写的过程就是几个月的经历重现的过程,就是感情沉淀的过程,就是班级精神凝聚的过程。

活动中感受的分享其实是最有价值的部分,所有的意义将在这个过程中诞生。

活动效果

活动中没有讨论,只有两次感受的分享。在这自由的、即兴的分享中,同学们能感受到活动的意义。

学生感悟

在没有打开信笺的时候,同学们主要围绕闭着眼睛时的感受来分享。有的万分焦急,觉得时间如此漫长;有的静静地聆听;有的说是心有灵犀的感动,握着信笺,细细地去感受信笺的形状,猜想是不是自己要赠予的那个他(她)送的;有的说大家能闭目站在一起就是一种缘分……

在所有同学阅读信笺之后的分享中,有人欣喜,没有想到好几位同学把他们宝贵的信笺送给了自己,觉得自己原来不是一无是处,不是默默无闻;有的说信笺的温度冲散了窗外的寒冷,更融化了期末考试成绩在心中制造的冰天雪地;有的说谢谢某某同学记住了自己的优点,自己将更加努力……

教师感悟

当我作为班级的一员和同学们一起开展"我在你的掌心"活动的时候,黑暗中,我在焦急地倾听同学的脚步声。忽然,我的手中有了一张信笺,不知是谁,还轻轻地按按我的手掌。一会儿又有一张,再一张。我满心欢喜,我没有被孩子们遗忘,我是重要的。

请允许我把学生留给我的粉色信笺中的部分文字在此分享:

学生甲:或许,一个学期给我留下的是忙碌、焦躁和厌烦。快到期末,我却无心学习,我甚至不想上学,我认为现实是可怕的。每当我这么想的时候,老师的一句话就阻断了我的思绪。"哪怕是做自己不喜欢的事,也要让它变得愉快,圆满地做完这件事。"这时,我就会觉得,现实其实没有想象中那样难以面对。

学生乙:期中考试过后,老师跟我谈了一次话,这些话让我改变了许多。老师叫我扩大朋友圈子,现在扩大了;老师说我不该考那么低,现在(期末)我也做到了。

学生丙:在刚开学的某个时候,我到老师你的办公室交回家记录本,然后我与你说"再见"。在我关门的时候,你说了九个字,现在我还记忆犹新:"好好复习,好好写作业"。回到家,我立马写在纸上并粘在桌上,时时刻刻提醒自己。

学生丁:因为你的认可,我才有了信心。以前的我很少与老师、同学交流,即使再努力、做得再好也没有人关注,因此以前的我就像封闭在瓶子里一样。现在,打开瓶盖,感受到一束光和清新的空气,我才发现与老师、同学相处的美好。把我带出来的是你,让我更开朗的是身边的同学。愿美好的记忆永远留在心中。

学生给我的信笺让我意识到,作为班主任,我是如此重要!

我在你的眼中
——我的优缺点

朱晓敏

活动背景

初中阶段的学生正处于青春期,正是身体走向成熟而心理渴望成熟却仍然稚嫩的矛盾期。在这一时期,教导学生正确认识自我从而树立自信,对于学生健康成长非常重要。

活动目的

让学生学习科学分析自我的方法,学会客观而正确地看待自己的优缺点,学习用全面和发展的观点评价自己。

活动过程

活动一:别人眼中的你
(7分钟)

1. 将学生两两分组,一人为甲,一人为乙(最好是两两不太熟悉的同学为一组)。甲开始自我介绍,乙负责记录。甲在说了一个缺点之后,就必须说一个优点。五分钟后甲、乙角色互换。

2. 老师请甲、乙两人取回对方的记录纸张,在背面的右上角签上自己的名字。然后彼此分享做此次活动的感受,并讨论:介绍自己的优点与缺点,哪个比较困难?为什么会如此?两人之中必须有一个人负责整理讨论的结果。完成之后,由负责整理的人向其他人报告讨论的结果。

3. 汇报结束后,每位同学将其签名的纸(空白面朝上)传给右手边的同学。而拿到签名纸张的同学则根据自己对此同学的了解,在纸上写下"我欣赏你……因为……"。写完之后则依次向右传,直到签名纸张回到本人手里。

4. 分享。每个人与其他组员分享他看到别人反馈后的感想与收获。

5. 老师总结:了解与接纳真实的我是很重要的。其实很多时候我们往往高估或者低估了自己,并把这种看法认为是一成不变、绝对的。通过活动,我们发现了许多我们不曾发现的东西,对自己有了更丰富和全面的认识。我们需要通过自己和他人的眼光来更好地发现自己。

活动二：比一比
(5分钟)

1. 每组派出一人后,老师宣布比赛内容。
(1) 比长:比臂长,比腿长,比步长,比指长……
(2) 比高:比声调,比身高,比手抬起来的高度,比腿抬起来的高度……
(3) 比大:比眼睛,比手掌,比脚……
(4) 比力量:比手臂力量,比握力,比跳跃……
(5) 其他:比速度,比反应……
2. 分享。在刚刚的活动中,大家体会到了什么?
3. 教师总结:每个人都有自己的特点,都是不可或缺的,所以我们没有理由不自信,但我们自信的理由不止一个。只要我们用客观、真实的心态对待自己、对待他人,我们就会发现自信的理由有许多。让我们找到自信真我。

活动特色

本活动能让学生树立积极的自我概念,正确对待自己和别人的评价,认清和挖掘自己的优点,增强自信心,同时敢于正视自己的弱点,悦纳自己的缺点和不足,用发展的眼光看自己。学生发现自己更多的优点,找到自信的依据,就能建立理性的自信系统。

活动讨论

第一,接受自己的全部,无论优点还是缺点,无论成功还是失败。
第二,无条件地接受自己,接受自己的程度不因自己是否做错事而改变。
第三,喜欢自己,肯定自己的价值,有愉快感和满足感。

活动感悟

对于心理学的知识,我感觉书到用时方恨少。到了授课时候,真正感觉自己只有半瓶水。所以平时也应该阅读相关的书籍,提高自己的理论水平。如何让原本枯燥的知识化为有趣的东西,也是值得自己深思的。

第二篇 人际智慧

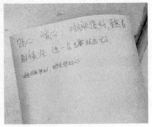

我在你的身后
——人椅合作游戏活动

陈星旋

活动推荐

人数不等,时间5分钟,场地不限,特别适合新集体的建立,活泼有趣,有启发,有灵魂的触动。

活动目的

让学生在本活动中体验团队精神。要求在团队中的每一个人都要充分贡献自己的力量,不能存在任何偷懒、滥竽充数的思想。

活动过程

1. 全体男生坐在椅子上围成一圈。每位男生身后都相应站着一名女生。
2. 每位男生都侧过来坐,双腿顶着前面的同学的臀部。
3. 听从老师的指令,每位男生都缓缓地躺到身后同学的大腿上。
4. 躺下后,觉得自己准备好的就举手,然后他身后的女生就把他身下的椅子缓缓移走。
5. 等所有男生的椅子都被抽走以后,全体男生一起大声数数,坚持到100就算赢。
6. 男生完成后,女生按照上面的步骤也做一遍。

活动预设

1. 在活动过程中,自己的精神状态是否发生了变化?身体和声音是否也相继发生了变化?
2. 在发现自己出现以上变化时,是否及时加以调整?
3. 是否有依赖思想,认为自己松懈对团队影响不大?最后出现什么情况?
4. 要想在竞争中取得胜利,什么是相当重要的?

活动效果

学生感悟

1. 千万别以为你一人松懈一下没关系；若是所有人都有这样的想法,你休想坐着,那只能是被重重地压在地上。

2. 要想坐得长久、坐得舒服,每个人就应该先当好一把椅子。

教师感悟

本次活动分了男、女生两组,老师参与指导。本次活动的主要项目是人椅游戏。孩子们初次参加活动都非常专注而且热情高涨。进入场地后,孩子们都跟随老师认真地做好热身运动,随后开始尝试活动。经过尝试,两小组都成功地完成了人椅游戏,坚持数到了100。通过本活动,孩子们体会到每个人的成长与进步离不开整个团队。每个人只要为团队贡献一点力量,团队的威力就会无限增大,而我们每个人也可以从中收获成长的快乐。

我在你的旁边
——我的沙拉我做主

陈星旋

活动背景

个性和共性如何并存,组织和个人如何协调共存,面对诱惑如何克制,巧妙的心思如何展现。让我们一起来看看这场水果沙拉 DIY 大比拼吧。

活动目的

通过活动,体现学生的小组合作能力,发挥个人的创意专长。面对香甜、美味、可口、诱人的水果,看看哪些学生能够克制住自己不"偷吃",只有前期的忍耐才有后期的美味呈现。有组织能力的同学在此次活动中也能充分展现自己的才能,且看他们如何运筹帷幄。

活动过程

1. 自行分组,每组 4 到 6 人不等,自行推选组长。
2. 由组长统筹安排小组成员准备水果、果盘、水果刀、沙拉酱等所需配料。
3. 活动当天分组进行水果沙拉的制作,并为成品命名。
4. 由评委(5 位老师)评选出前三名以及"最具创意奖""最佳口感奖""最负盛名奖"。
5. 获奖的组,由组长分发奖品,再一次发挥其领导才能。

活动反思

学生感悟

学生1：我做了整个拼盘的二分之一,作用好大,哈哈哈。

学生2：我们组的手艺一级棒,味道一绝。

学生3：我觉得我更爱水果啦。

学生4：自己动手的过程很有趣,我的创意很新颖。

学生5：闻着那水果的诱人香味,我忍住了,咽了下口水,因为得奖更重要。

学生6：和大家一起做收获很大,培养了大家的合作意识!

学生7：虽然我们组的奥利奥款有点像黑暗料理,但是美味无法阻挡!

教师感悟

在整个过程中,学生们有的很兴奋,有的很沉着稳重。学生们比我预想的更富有创意。虽然有的男生连餐盘也忘带了,但是不会影响他们创意的发挥。女生比较能群策群力,个别女生的领导才能也更为突显。

我心中的"情缘"
——一条心,一家亲

张晢钰

活动背景

班级里的同学们拉起了小帮派,彼此之间关系不融洽。例如:英语默写本发下来,小明默写得比较差,被同学甲轻视。小明的朋友们就会一起攻击甲同学以及甲同学的朋友们。两个小帮派彼此之间相互不理睬。

活动目的

让班级里的全体同学都参加。通过游戏,把小帮派之间的界限淡化,增进同学之间的感情,提升班级的凝聚力。

活动一:"马兰花开"

活动过程

第一步:分组。将学生打乱后分组,形成新的小分队。搬走桌椅,学生自行排成长龙,并首尾相连成环状,然后步行,围圈转动。

第二步:口令。主持人说"马兰花开",同学们齐说"花开几朵"。(主持人可重复说两三遍)

主持人说:"马兰花开。"同学们齐说:"花开几朵?"主持人答:"花开5朵。"(开花几朵,可随意选择。还可规定,红花特指女生,蓝花特指男生。可随意搭配)同学们立刻以5人为一组,聚在一起。落单的同学,选出代表,说说感想(1~2名同学)。

第一次进行完,同学们重新围成圈,再次分组。

我班分三次。第三次,主持人答:"花开8朵,必有2朵红花。"同学们8人为一小组,共4组,每组中一定要有2名女生。

活动用时10分钟左右。

活动二:"猜猜猜"

活动过程

第一步:"拷贝肢体成语,猜猜猜",让4组同学比拼一番。每组8人,排成一队,面朝黑板而立。

第二步:主持人发令。第一个同学向后转,主持人向他出示题目,如"颠三倒四"。

参加活动的同学不能说话,只能用肢体语言表示该成语。

第二个同学向后转,第一个同学表演给第二个同学看,只表演一遍。

第三个同学向后转。第二个同学拷贝第一个同学的肢体语言,表演一遍给第三个同学看。(以此类推,到第七个同学)

第八位同学向后转,看过第七位同学的表演之后,猜出成语。若答对,所在小组就获胜。若答错,所在小组就失败。获胜组可以获得奖品。

第三步:讨论分享。第一次比赛后,可以让小组同学之间自行讨论失败的原因或者获胜的经验。可再比拼一次。我班比赛两次,都是分成两组一次,一起比赛。第二次比拼之后,可请获胜组(可选一组为代表)分享经验,或请失败组总结失败教训。

活动用时25分钟左右。

活动特色

"马兰花开"活动范围大,学生兴奋度高。游戏过程中,同学们愉快地接受了班主任的有意分组。通过三次"洗牌",原先的小帮派基本被打乱。小团体界限变得模糊。

"猜猜猜"活动中,通过肢体语言拷贝,同学们彼此之间增进了了解。通过游戏得失的讨论,同学之间发现了彼此的闪光点,增进了友谊,提升了凝聚力。

活动反思

"马兰花开"学生感悟

第二次游戏时,比第一次排得更紧些。第三次游戏时,大家不仅排得紧,还边走边讨论,拉人入伙,特别高兴。

"马兰花开"教师感悟

通过游戏,学生之间渐渐消除了芥蒂,彼此之间话语多了,走得也近了,给接下来的协作比赛奠定了基础。这个活动,学生活动力大,游戏时较为兴奋。

"猜猜猜"学生感悟

在总结经验教训时,发现最重要的是"顾全大局",不能随心所欲更改前面同学的肢体语言。相互协作要有默契感,还要有个主心骨,规定本组肢体语言暗示的含义。

"猜猜猜"教师感悟

通过游戏,学生之间增进了感情。特别在讨论得失中,学生认识到顾全大局的重要性。通过游戏,学生体验了什么叫"失败是成功之母",意识到任何一次失败都不是一件讥讽的武器,而是一份宝贵的经验。

我耳中的"声音"

——人际沟通的智慧

陈玲玲

活动背景

实际生活中,学生与家长之间的亲子互动一直是关系到学校教育有效性的重要方面。在传统的亲子教育中,有时不是家长不愿意有良好的互动关系,而是没有正确的沟通理念和恰当的方式。

活动目的

通过本次活动,让孩子和家长明白,沟通绝不是某一方的独角戏,双向沟通才会让我们准确理解对方的想法。在沟通中,我们要有恰当的方式,在我们有不同的需要或意见相左时,能够在不伤害对方的前提下表达自己的观点。

活动一:你说我画

活动过程

老师给每个学生和家长一张白纸,然后口述一幅图(稍微复杂一些),让学生和家长根据老师的要求在纸上画图。(或者可以准备一些裁好的报纸,让学生和家长根据要求对折然后撕出一定的形状)

在操作的过程中,必须规定:

1. 每个人不要看别人的画,只要关注自己的就可以。
2. 根据自己的理解操作,不可以提问。

活动结束后展示大家的成果,会发现每个人画的都不一样。教师组织大家分享。

活动特色

活动易于操作,对场地和其他硬件几乎没有要求,活动过程中的分享能够让学生快速领会双向沟通的重要性。

活动感悟

有没有一模一样的?你认为是什么原因导致我们画的图跟原图不一样呢?

在这个游戏的规则里,有没有妨碍整个过程的因素?这个游戏给了你什么启示?

活动启示

我们没有画出一样的图形,因为我们只是被动接受信息,没有提问的机会,没有双向交流,我们很难准确揣摩对方的意图。

在分享的过程中,老师通过游戏引导学生发现:单向沟通不是真正的沟通,只有双向沟通才能达到沟通的效果。

活动二:你吹我爆

活动过程

两人一组,一人负责吹气球,一人负责用牙签扎气球(在规定时间听主持人要求),气球先爆的小组被淘汰。

活动特色

活动有趣,活动意图不那么容易被学生猜透,所以在讨论分享的时候易于学生根据老师的设问来思考。

活动反思

气球为什么这么容易破?让气球不那么快被扎爆,你们的方法是什么?如果此时气球和牙签就是我们与父母,你有什么感悟?

活动启示

在与父母(孩子)沟通时,不要让自己带上满满的负面情绪,要心平气和。

气球顶部比较容易戳破而下方则结实得多,就像每个人都有长处和短处,沟通时记住不要总是互相揭短。

沟通时要尽量用温和的语言或行为方式去表达,尖锐的表达只会导致沟通失败。

我眼中的"最美"

——男女交往规则探索活动

袁婷婷

活动背景

初二学生已经进入青春期。在第二性征生理发育和性激素的刺激下,男女学生出现明显的性心理变化——性意识,表现出对异性有好感和想接近的心理,有性冲动和欲望。由于缺乏性教育和社会上对性意识的神秘化,学生会产生性迷惑和性心理障碍,从而影响学习和生活。

为了打消这种迷惑和好奇,不至于影响学生的学习和生活,索性戳破这层窗户纸,让男女生直接说出自己最欣赏和最讨厌的异性同学是怎样的。

活动过程

1. 给每位男生(女生)5分钟时间思考在自己心中最欣赏的女生(男生)是什么样的。

2. 每人发一张一样规格的白纸,男生写"我最欣赏、最讨厌的女生",女生写"我最欣赏、最讨厌的男生"。每人各写3句简短的话描述。

3. 黑板一分为四,书写大家眼中最欣赏(讨厌)的女生(男生)是什么样,用1、2、3、4……罗列。

4. 每位同学在黑板上投票,每项投3票(在你最赞成的话后面画"正"字)

5. 统计后,每项按票数选出得票前10的描述,作为本班男生(女生)最欣赏、最讨厌的女生(男生)准则,并张贴公布。

活动反思

1. 不用正面的说教,而是让每个学生自己写并投票,体现民主和主人翁的精神。

2. 本来还担心学生们会写一些非大众化的描述,从结果来看,学生的审美观还是大众审美观。

活动效果

产生了优秀男生和女生品质对照表,很符合班级学生的实际情况。学生们有了行为对照表后,日常行为变得规范、向上。

最令男生欣赏的女生

1. 经常脸上有微笑、温柔大方的女生。

2. 活泼而不疯癫、稳重而不呆板的女生。

3. 清纯秀美、笑容甜美的女生。

4. 心直口快、朴素善良、随和的女生。

5. 能听别人意见、又有主见的女生。

6. 纯真不做作、有性格的女生。

7. 聪颖、善解人意的女生。

8. 坦然、充满信心和朝气的女生。

9. 不和男生打架的女生。

10. 长头发、大眼睛、说话斯文的女生。

最令男生讨厌的女生

1. 打扮老成、一副老谋深算样子的女生。

2. 对小道消息津津乐道的女生。

3. 自以为是、骄傲自大的女生。

4. 啰啰唆唆、做事慢吞吞的女生。

5. 小心眼、爱大惊小怪的女生。

6. 疯疯癫癫、不懂自重自爱的女生。

7. 总喜欢和男孩找茬吵架的女生。

8. 容易悲观、动不动就流眼泪的女生。

9. 把打扮当正业的女生。

10. 自以为"大姐大"、笑起来"鬼叫"一样的女生。

最令女生欣赏的男生

1. 阳光、大胆、勇敢的男生。

2. 幽默、诙谐的男生。

3. 思维敏捷、善于变通的男生。

4. 好学、敏捷的男生。

5. 团结同学、重友情的男生。

6. 集体荣誉感强的男生。

7. 有主见的男生。

8. 热心助人的男生。

9. 有强烈上进心的男生。

10. 勇于承担责任、有魄力的男生。

最令女生讨厌的男生

1. 满口粗言秽语的男生。
2. 吹牛皮的男生。
3. 小气、心胸窄的男生。
4. 粗心大意的男生。
5. 过于贪玩的男生。
6. 喜欢花钱的男生。
7. 小小成功便沾沾自喜的男生。
8. 有时过于随便、得过且过的男生。
9. 遇突发事件易鲁莽冲动的男生。
10. 爱臭美、炫耀的男生。

我心中的"人物"

——"风云人物"评选

王 敏

活动背景

被赏识是每个学生成长的催化剂。学习对学生而言虽然不是唯一的,却是相当重要的。我知道,班级里有部分同学在学习中不能体会到成功。那么,如何提亮这些学生的生活底色?我鼓励他们尝试各种自己从不敢做的事情,比如运动会中的长跑、学校校长助理的竞聘、学校大型活动的主持。但是到了初三,特别是初三下学期,学生的生活似乎只剩下学习。为了在备战中考的日子里让那些成绩上总是备受打击的学生自我砥砺,我在班级里搞了"风云人物评选"活动。

活动目的

活动对象为初三年级的学生。活动每两个月进行一次,就是要让学生关注身边的同学,记住别人身上的那些让人感动甚至震撼的事件;让学生在备战中考的日子里,特别是让那些不能从学习上获得成就感的学生感受到初三学校生活的生机盎然,感受到班集体的精神力量的支撑。

活动过程

1. 全班预选:所有同学推选一位候选人,并写出推选理由。

2. 小组初选:全班分为若干组,每组同学交流自己的推荐,最后每组推选出一位同学,同样写出推选理由。全班一般推选出5~6位同学。

3. 全班差额推举:对小组推选出的5~6位同学,全班投票选举,每人投三票,最后选出得票最多的三位同学。

4. 根据推选结果,由同学或班主任根据推选理由撰写当选理由,编辑班级的"风云人物榜"。"风云人物榜"一式两份。

5. 选择班会或家长会或者其他合适的场合进行颁奖。颁奖后,一份"风云人物榜"张贴于教室内,一份赠给当选学生。

活动特色

活动选择的时机很好。初三的学习节奏非常快,考试成绩的起伏直接影响着学生的精神状态。即使是成绩相对较好的同学也常常感到疲惫、失望。所以在这个时候,班级"风云人物"评选往往能够让同学们从沉重的学习中走出来,感受学习以外的阳光。

活动的动机很好。学生在学习上一定是有差异的。如果只用考试成绩这一把尺子来衡量学生,那么总有一部分学生永远生活在这把尺子的阴影下。班级风云人物评选就是要多元评价学生,让每个学生都可能获得被赏识的机会。

活动反思

每期评选结束,我都会请广告公司设计精美的"风云人物榜",并邀请家长一起举行隆重的颁奖典礼。我记得有的同学因为绘历史思维导图到深夜而入选,有的同学因为考试屡次得最后一名但从不放弃而入选,有的同学因为暴雨中回教室拿伞为外出上课的同学们送伞而入选……总之,很多同学即使最后没有入选,也因为在预选时被肯定而激动、感动。在初三的日子里,得到这样的赏识何尝不是一份珍贵的礼物。

我嗅到的"烟霾"
——语言的杀伤力
卢中华

> **活动背景**

　　语言和态度是人与人之间沟通时的两大主要方面。面对对抗的时候,有的人说出的话是火上浇油,有的人说出的话就是灭火器,效果完全不同。下面的培训游戏的目的就是要教会大家避免使用那些隐藏有负面意思甚至敌意的词语。

> **活动过程**

　　1. 将学生分成3人一组,但要保证是偶数组,每两组进行一场游戏。告诉他们：他们正处于一个教学场景中,比如同学课间聊天、教师对学生进行批评或点赞。

　　2. 给每个小组一张白纸,让他们在3分钟内用头脑风暴的办法列举出尽可能多的会激怒别人的话语,比如"不行""这是不可能的"等。每个小组要注意不使另一组事先了解到他们会使用的话语。

　　3. 让每个小组在10分钟内写出一个一分钟的剧本,当中要尽可能多地出现那些激怒人的词语。

　　4. 告诉大家评分标准：① 每个激怒性词语给一分；② 每个激怒性词语的激怒程度给1~3分不等；③ 如果表演者能使用这些会激怒对方的词语表现出真诚、合作的态度,另外加5分。

　　5. 让一个小组先开始表演,另一个小组的学员在纸上写下他们所听到的激怒性词语。

　　6. 表演结束后,让表演的小组确认他们所说的那些激怒性词语,必要时要对其做出解释。然后两个小组交换角色,重复上述过程。

　　7. 第二个小组的表演结束之后,大家一起分别给每个小组打分。给得分最高的那一组颁发"火上浇油奖"。

> **活动感悟**

　　1. 什么是激怒性词语？我们倾向于在什么时候使用这些词语？

2. 如果你无意间说的话被人认为具有激怒性,你会如何反应?你认为你自己的看法重要,还是别人对你的看法重要?

3. 当你无意间说了一些激怒别人的话时,你认为该如何挽回?是马上道歉吗?

活动分享

1. 很多时候,人们往往在不经意之间说出很多伤人的话。即便他们的本意是好的,他们也往往因为这些话被人误解。

2. 我们在说每一句话之前都应该好好想想这句话会带来什么后果,这样就可以避免我们无意识地说出激怒性的话语。

3. 实际上,我们得意扬扬的时候往往是我们最容易伤害别人的时候。保持谦虚谨慎的态度往往会使人与人之间的交流更容易一些。

我们一起"逃"

——解"手链"

赵瑞莹

活动目的

1. 让学生体验团队合作的力量与快乐。
2. 让学生感受个人与集体的关系,体验个人对团队的信任与责任。

活动过程

1. 将全班学生分成若干个小组,每组 10~12 人。让每组成员手拉手围站成一个圆圈,记住自己左右手相握的人。

2. 在节奏感较强的背景音乐声中,大家放开手,随意走动。音乐一停,脚步即停。找到原来左右手相握的人分别握住。

3. 小组中所有参与者的手都彼此相握,形成了一个错综复杂的"手链"。节奏舒缓的背景音乐中,主持人要求大家在手不松开的情况下,无论用什么方法,将交错的"手链"解成一个大圆圈。

4. 第二轮将两个小组的成员合并,形成一个大圈,按第一轮的操作重复进行一次。

5. 第三轮将第二轮中两个圈的成员合并成一个特大的圈,也就是全班成员围成一个大大的圆圈。按第一轮的操作重复进行一次。

6. 全班交流,分享感受。

注意事项

1. 根据人数,要有足够的空间,而且要有清晰的背景音乐烘托气氛,产生静动分明的效果。

2. 强调记住自己左右手相握者。

3. 当出现"手链"非常复杂、有人想放弃时,主持人要给予鼓励。解"手链"过程中,可以采用各种方法,如跨、钻、套、转等,但绝不能放开手。

活动反思

学生A：今天的班会课上我们全班一起进行了一个有趣的"微活动"——解手环。在第一轮比较简单的游戏中，每组都进行得很顺利，很轻松地就把手环绕开了，这使得我们觉得这个游戏很简单。但是在第二轮开始后，我们就不再这么认为了。老师要求我们把手给不相邻的两个人，交错开来握成一个又一个错综复杂的手环。我们一个个都傻眼了，这怎么解啊！没可能啊！在解手环的过程中，我们失误不断，先是这个人扭得手都快变形了，再是那个人转不过来，还有的根本动弹不得，不知道让谁先动比较好。整个过程中哀叫声不断，但在我们的共同努力下，手环终于解开了。那一刻，我们所有人都欢呼起来。这个"微活动"告诉我们，在做一件大家共同完成的事情时，要懂得互帮互助，一起商量对策，发动群众力量就一定能做好！

学生B：班会课上，老师带着我们到操场上玩了一个游戏——解手环。游戏规则是：每个人右手在左手上交叉握住组员的手，并完成指令。第一次老师让我们握住相邻人的手，要使手不交叉，我们很快完成了。第二次我们的手要握住不相邻的人的手。我们开始犯难了，眼前组员的手七横八错交织在一起，怎么解得开呢？班长首先说道："最上面的两个人转一下吧。"组员照做后，又发现了一个可以解开的"手结"。接下来，组员们都争先恐后地把自己的发现说了出来，一个个"手结"渐渐解开，条理也越来越清晰。随着最后一个结的消失，组员们都欢呼起来，格外高兴，我也笑起来，毕竟我也出了一份力。人们常说"众志成城"，可见团结的重要性。通过今天的这个"微活动"，我更加深刻地认识到，团结成就成功！

　　学生 C：今天我们进行了"解手环"的"微活动"。在第一个环节，我们完成得十分顺利，但第二个环节我们完成得异常困难。我们拉好手后所有人都挤在了一起，在一次次的翻转与调整后，情况却越来越糟糕。大家都抱着试一试的心态，让我钻进了一个十分狭窄的缺口，出乎意料的是，这个乱成一团的圈居然松了些许。我发现一切成功的出路都需要尝试，但并不是盲目武断地做决定。我们虽然失败了，但收获了一个感悟：许多难题的解决都离不开团结。总结失败的原因，再结合别的组成功的方法，商量好步骤，下次我们就一定能成功！

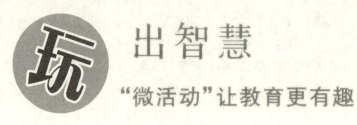

第三篇
成长智慧

考虑到初中生的年龄特点,教师设计编排的活动既要活泼新鲜,又要与小学的以游戏为主、在玩中学的形式有所区别。把"微活动"放在真实的生活场景和事件中,让学生带着问题学习、探究、实践,重要的是要对问题进行反思,在做中学,在学中思,在思中行,在对单纯生活经验的体验、反思中生成新知识、新智慧。

在"担当"中成长
——不给别人添麻烦

李 刚

活动目的

感受"己所不欲,勿施于人"的人际交往黄金法则,在角色扮演中让自己学会换位思考,为他人着想,唤醒"仁"心。

活动规则

开展数字接龙游戏:

1. 从 1、3、5、7……按顺序数到 99。

2. 从 2、4、6、8……按顺序数到 100。

3. 从 3、6、9、12……按顺序数到 150。

4. 去 3 游戏:3 的倍数和含 3 的数用一个词代替,如 1、2、不知道、4、5、不知道、7、8、不知道、10、11、12、不知道、14、不知道、16、17……

活动过程

学生按照老师的手势按蛇形顺序进行数字接龙游戏。

1. 可以从任何一个同学开始。

2. 可以从任意一个数字开始。

3. 可以从任意一个方向开始。

4. 如果三秒内有同学答不上来或者答错了,班长就要接受惩罚,做十个俯卧撑!

活动提示一:唤醒"仁"心

学生有些不忍,有人建议,能否让出错的同学和班长一起接受惩罚。我拒绝了学生的建议,我想,对班长的惩罚越"重",今天活动的效果会越好。

为了让同学们熟悉规则,先进行了两轮热身训练。

第一轮从第五组开始,进行到第五个同学时就出错了。班长认认真真开始做俯卧撑。在班长做俯卧撑的过程中,其他同学显得很高兴,起哄的、看热闹的多。班长做了 10 个俯卧撑,起来时面部微红。

老师：这根本不算很难的数学问题。由于你们的粗心大意、注意力不集中，你们的"领袖"班长在这里替你们受罪，你们觉得好笑吗？

活动提示二：无条件坚持

同学们迅速安静下来，刚才出错的同学感到很惭愧。当我出第二轮题之后，有些同学就开始积极做准备了。

第二轮从第四组开始，由于外面的噪声太大（对面小学在进行入队的活动，音乐放得很响），有一个学生报数字的声音太小导致下一个同学出错。班长又认认真真做了10个俯卧撑，起来时面部通红。

活动提示三：适时点拨

有同学开始埋怨出错的人。

老师：班长，你还愿意为他们犯的错继续接受惩罚吗？

班长面带微笑点点头。

老师：我为你们有这样的班长感到骄傲。他还愿意承担，还愿意坚持。让我们给他掌声！

第三轮从第一组开始，进行得很快、很顺利。当到第五组时，第一轮答错的同学这次又错了。课后这位学生伤心地哭了，她认为全班同学都会怪她，很委屈。

班长又认真地做俯卧撑，做完3个就有些坚持不住了，做最后一个时脚有些发抖。

老师：班长，你还愿意吗？

班长想了想，大声地回答"愿意"！其他学生开始举手了。

学生：班长已经到了他的极限，我愿意替他。

老师：班长还愿意为大家坚持，我很感动！其他同学也愿意替他吗？

学生纷纷举起手！

老师：好，你们都是好样的。班长心中有大家，大家心中有班长。我为你们感到骄傲！我们的活动暂停，接下来看几张照片。

老师：第一张是2011年日本发生大地震后，灾民有序排队领生活物资的场景。第二张是9级大地震后，灾民有序地在商场避难时的场景。在这两张照片里，哪些场景让你印象深刻、让你深有感触？

学生1：面对9级地震，民众在灾难中的从容、冷静和有序。

学生2：在避难所，把中间的过道让出来，并且没有随意丢弃碎纸的现象。

老师：这些好的素养让我们很羡慕！这与日本人从小接受的文明行为习惯教育是分不开的。"不给别人添麻烦"是他们做人的基本素养。

活动效果

老师：刚才的活动因为一部分同学的大意、注意力不集中等不经意的错误给班长带来了麻烦！在生活中，若我们随意扔纸屑、吐痰、乱扔垃圾、闯红灯、不排队，就会给他人带来麻烦甚至伤害。在学习中，若我们上课时注意力不集中，考试时粗心大意、审题不清，考试成绩不理想，就会给自己、给家长、给老师带来麻烦。大家应该向这位同学学习（出示照片），学习在生活中关注自己的细节，同时注意坚持良好习惯的养成和恶习的改正，真正做到不给别人添麻烦。"让别人因为你的存在而感到幸福"，这就是一种做人的成功！

活动结束后让学生马上写下活动的感想！

活动感悟

学生感悟

1. 我们应该对自己所做的事负责,做到尽心尽力。
2. 改变自己,高标准要求自己,做一个有条理的人。
3. 在公共场合要有次序,学习要有计划。
4. 做人做事要有责任,要懂得担当,要懂得为别人着想。
5. 成功的人不仅有渊博的知识,最重要的是还要有良好的品德与高尚的素质。
6. 平时我的眼中时常只有自己,爸爸妈妈也把我捧在手心。回想起来,我给他们添了很多不必要的麻烦,但从来不会从自己身上找原因。从现在开始我应该多关心我的爸爸妈妈。

班长感悟

平时在家最多也就做 20 个俯卧撑,一口气能做五六个已经是最好的成绩了。然而当我真正一口气做完 10 个后,才发觉 10 个也不累。又做了 10 个后,我的脚有点发抖,也许是到了极限。当又有同学失误后,我在做最后 10 个的过程中,做到第 3 个时已经有些困难了,但依然坚持着,心想:作为班长,本身就要为班级承担更多,只是 30 个俯卧撑而已,一定可以的! 尽管做最后一个时全身在抖,但我完成了……

犯两次错导致班长受罚的学生

那位犯两次错的学生课后在座位上伤心地哭了起来,她认为全班同学都在怪她。我告诉她:"这只是一次游戏,大家相信你不是故意的。老师发现整个过程中你也很用心地做,只是犯了一个不经意的错误。同学们不会怪你的。"看她眼泪不止,我又把她请到了办公室,借助一位学生的总结,再次安慰她:"你看小 A 的感受:'通过这次活动,我受益匪浅,顿时感觉到自己做人很失败! 我基本上没有怎么为别人想过,真是太惭愧,我一定要好好改!'的确,成功的人不仅有渊博的知识,还要有良好的品德与高尚的素质。'你们班上的这些调皮的同学以前给其他同学添过不少麻烦,他们犯错误同学们都可以原谅,你在游戏中的不经意的错误同学们一定不会在意的。但今天班会课后我们应该有一个深刻的反思,尽量改掉自己身上的一些不好的小毛病,赢得大家的喜爱,你说对吗?"她点点头,给了我一个笑脸,然后回班级上课去了。

活动反思

没想到活动很受学生欢迎,反响也很大。学生这样写道:"这次活动不仅是智商方面、反应能力的挑战,还启发着我们的心灵,引导着我们的思想。""这次活动锻炼了我们的反应力,更可嘉的应该是班长勇于承担的精神。几张照片使我深受启发,让我懂得了'不给别人添麻烦'的道理。这是做人应恪守的基本原则。"学生在玩中学、在学中悟,令我感到很欣慰。

在"孝亲"中成长
——感恩主题系列"串"活动(一)

朱晓敏

活动背景

孝亲敬长历来是中华民族的传统美德,我们对父母、对长辈都应该心存感激。然而,我们常常会以自我为中心,不理解父母的苦心和爱心,不懂得体谅、孝敬父母。为此,本班专门召开"学会感恩"主题班会,让全班同学一起用心去感受亲情,用行动去孝敬父母。

活动目的

1. 让学生了解父母的苦心和爱心,懂得体谅父母,多与父母交流沟通。
2. 让学生懂得感恩,并从感恩父母升华到感恩身边对自己有帮助的朋友、集体、学校及祖国,做一个有责任心的人。
3. 让学生从感恩主题中触及心灵,并立志好好学习,以实际行动报答父母、报效祖国。

活动一:诗歌朗诵

主持人A:对父母心存感恩,因为他们给了我们生命,让我们健康成长。

主持人B:对老师心存感恩,因为他们给了我们教诲,让我们抛却愚昧。

主持人A:对兄弟姐妹心存感恩,因为他们让我们在这尘世间不再孤单,和我们血脉相连。

主持人B:对朋友心存感恩,因为他们给了我们友爱,让我们在孤寂无助时可以倾诉和依赖。

主持人A：请欣赏诗朗诵《假如》。

主持人B：深情的一段《假如》让我们回忆起幸福的点滴。我们应在那些特殊的日子送上特殊的祝福。

活动二：知识问答

学生A带来了5个问题，启发大家思考父母在我们心目中应有的地位：

（1）母亲节在什么时候？5月的第二个星期日。

（2）父亲节在什么时候？6月的第三个星期日。

（3）感恩节原自哪个国家？源于美国。

（4）我国重阳节在什么时候？阴历9月初9。

（5）重阳节的别称是什么？敬老节。

主持人A：感谢曾帮助过我们的人，他们用暖暖的心灯让我们发现生命是如此丰厚而富有。

主持人B：感谢肯接受我们帮助的人，他们用淡淡的柔弱让我们可以把这份良善续延。

主持人A：感激伤害你的人，因为他磨炼了你的心志。

主持人B：感激这个世界上所有值得我们感激的人。

主持人A：然而其中，最能激起我们心底最深的感恩字眼的莫过于父母。

主持人B：是的，不论我们走到哪里，不论我们有多大年纪，在父母的心中，我们永远都是最可爱、最需要保护的孩子。我们不断地接受着他们无私给予的爱的雨露。

主持人A：请欣赏诗朗诵《感恩父母》。

主持人B：不要忘记说声"谢谢"。在我们的成长道路上，要感激的人太多太多。

主持人A：你最想感激谁，就把感激的话写在感恩卡上。有一个词语最亲切，有一声呼唤最动听，有一个人最要感谢。请8位同学在感恩卡上表达出对父母的爱。

活动三：分享感恩卡

学生A：我想感谢我的妈妈。因为她在我最困难的时候帮助我,在我生病的时候照顾我,在我伤心的时候安慰我。虽然我曾经让她伤透了心,但是我知道我错了,希望她能原谅我。妈妈,让我继续做你的"贴心小棉袄"好吗?

学生B：我最想感激的是我的外婆,因为我从小在她身边长大。外婆为了我含辛茹苦地操劳了十几年。天冷了,为我加件衣;天热了,为我驱除热意。在外婆忙碌的身影后,多想对她说声"谢谢"!

学生C：感谢父母,让我搭乘爱之船,给我甜美的生活,给我的生命播撒阳光。

学生D：我想要感谢我的父母。无论我快乐还是烦恼、沮丧,他们都一直在我身旁,分享我的快乐,为我分担心事。谢谢他们对我的爱!

学生E：我想感谢我的爸爸。虽然他很平凡,但是我觉得他是最伟大的,他就是我的太阳。祝愿他身体健康、万事如意。

学生F：感谢父母对我的关怀和哺育。在我心中,父母永远是最贴心、知心、关心我的人。我为我有这样的父母而感到自豪。在这里,我想对他们说："爸爸妈妈,你们辛苦了。你们为我付出的实在太多太多,你们是我的一切。我爱你们!"

学生G：妈妈,我要感谢你。你为我操劳了十多年,为我花费了无数的心血和时间。我一定会报答你的!

学生H：爸妈,感谢你们平日里为我的付出。你们给我的生活增添了色彩。我会好好学习报答你们的。

主持人A：父母的皱纹深了,他们把美丽的青春给了我。

主持人B：父母的手粗了,他们把温暖的阳光给了我。

主持人A：父母的腰弯了,他们把挺直的脊梁给了我。

主持人B：父母的眼花了,他们把明亮的双眸给了我。下面请欣赏诗朗诵《我的爸爸妈妈》。

主持人A：面对父母深沉的感情,聆听父母殷切的心愿,我们应该学会感激。

主持人B：但很多时候，我们习惯接受这种关爱，并且认为是理所当然的，渐渐忘记了感动，忘记了说声谢谢。

主持人A：父母的爱像一杯浓茶，需要我们细细品味。

主持人B：听完了朗诵，下面让我们用灵巧的双手来表达深深的感恩。

(分组，折纸，展示)

主持人A：父爱就是一片海，给了我们一个幸福的港湾。母亲的真情，点燃了我们心中的希望。

主持人B：父母的厚爱，是鼓励我们远航的风帆。拿什么来感谢你，我的父母！父母的爱说不完、道不尽。

主持人合：所有的恩情，我们铭记于心！

在"感恩"中成长

——感恩主题系列"串"活动(二)

朱晓敏

活动导语

"感恩"是一种生活态度,是一种品德。如果人与人之间缺乏感恩之心,必然会导致人际关系的冷淡。作为精神文明建设主阵地的学校,应该积极开展感恩教育。

活动背景

如今的孩子,大多是独生子女,都是在父母的百般呵护、悉心照料下无忧无虑地成长的。他们接受了太多的爱,渐渐地,他们中相当一部分人把这一切视为理所当然。他们习惯了索取,习惯了"说一不二",即使父母再苦再累,也必须满足他们的要求,而他们却从不懂得去为父母亲做些什么、分担些什么,稍有些不如意,便大发脾气,甚至以死相逼。面对这并不是"个别现象"的现实,我们不得不开始思考:今天的孩子怎么了?我们的教育条件日新月异,我们的物质生活日益丰富,为什么我们的孩子却越来越不懂事,面对一点点挫折,就那么轻易、那么草率地结束自己如花的生命?

我想原因有很多,但有两个字不得不提:感恩。现在的许多孩子没有一颗感恩的心,面对他人的帮助,甚至连一声"谢谢"也不会说。作为教育工作者,我们有必要提醒他们、引导他们,继而唤起那已被一层层习惯与世故压在灵魂最深处的善良本性与感恩之心。于是,我想到了借西方"感恩节"的机会,开展感恩节主题系列活动。

活动宗旨

通过绵如细雨的"学会感恩 心存感恩之心"主题教育活动,滋润学生心田,使学生的人品、性格得到教化、优化,使"问题"学生得到明显转变,使团结友爱、尊师守纪、勤学上进的风气成为校园风气的主流,充分展现当代中学生的良好精神风貌。

(1)教育学生感激父母的养育之恩,让学生体惜父母的辛劳和望子成龙、望女成凤的良苦心愿，体会做人的艰辛、处世的艰难，明白孝敬父母的道理，从而唤起学生为父母争气、为家庭争光的报恩良知，自觉主动地学习。

（2）教育学生感激师恩，理解老师平日严格管教学生的良苦用心，真正体会师恩如母乳的道理，从而理正师生关系。

（3）教育学生感激学校，培养学生的大家庭意识，让他们学会宽容，懂得与人为善。

整个活动过程力求以情感价值观念教育为主线，以"学会感恩　心存感恩之心"为主题，以教化学生感恩父母、尊亲情、敬师恩、重友情、爱学校、爱读书、志成才为目的。

活动过程

活动前期准备

1. 利用网络和图书馆收集有关感恩节的背景知识、相关故事、歌曲等。
2. 购买"黄丝带"，用于征集"感恩箴言"。
3. 购买彩纸和感恩卡，用于折纸和设计。
4. 环境布置：黑板、艺术字、PPT等。
5. 安排《感恩的心》演员。
6. 安排学生摄影和记录。
7. 购买奖品。

活动流程

1. 浏览一次感恩节网站。
2. 读一篇《感恩的心》故事。
3. 唱一首《感恩的心》歌曲。
4. 做一张感恩卡，折一朵感恩花。
5. 写一段祝福，将感激铭记于心。

写一段祝福是要求学生将自己想要感激的人或事写在统一发放的黄丝带上，然后在感恩节的这一天将黄丝带系在教室中。当一个学生怀着一颗诚挚的心写下自己的感激之情时，我想他已经理解了活动的全部意义。

之后，对学生写的所有的感恩箴言进行评比，从中挑选出"十佳感恩箴言"。箴言被选中的学生还可以获得精美礼品一份。

活动反思

学生们的热情，我始料未及。那一条条随风飘动的黄丝带，仿佛让我的心灵接受了一次洗礼。我也以一次主题班会为这次活动画上了圆满的句号。

在此,我不想说这项活动的成功与否,我只愿每一个参与其中的人都能感受到生命的可贵和生活的美好,都能够向身边的人真诚地微笑。如果在水中放进一块小小的明矾,就能沉淀所有的渣滓;如果在我们的心中培植一种感恩的思想,就可以沉淀许多的浮躁、不安,消融许多的不满、不幸。"感恩惜福",这四个简简单单的字却可以为我们带去阳光与爱。试试吧,生活不会欺骗你。

在"关爱"中成长

——"将你的视线多停留在他人身上"活动

张立人

活动背景

现在的孩子大多是独生子女,从小就习惯了被关注、被照顾,而不懂得如何去关注他人、照顾他人。此外,班级学生之间容易形成小团体。小团体里的学生彼此之间的交流沟通是比较频繁的,但对于其他同学难免会有陌生感。这种情况不利于整个班集体的共同进步。

活动目的

让班级同学之间学会彼此关注、彼此了解、彼此照顾。

活动过程

以学生生日月份为标准划分小组,将全班同学分成5组,每组7位成员,共同完成活动内容,为期两周。

活动主要分为两个部分:① 每周一到周四每天给学生布置一个具体的任务;② 每周五班会课上由小组同学合作完成一个任务。

具体步骤:

1. 第一周。

周一:利用下课时间观察同组的每个伙伴,写下你眼中他们的性格特点,并将你的观察和记录告诉每个伙伴。

周二:利用下课时间告诉同组的每个伙伴他/她的两个优点和一个缺点,并将别人眼中你的优点和缺点一一记录下来。

周三:利用下课时间去询问同组的每个伙伴的业余爱好,并将他们的业余爱好一一记录下来。

周四:利用下课时间和同组的伙伴一起准备一个2分钟的节目,在周五班会课上表演。每个伙伴都必须参与到节目的表演中。

周五:在班会课上,每组依次展示自己准备的节目,并对自己小组及其他小组的表现做出相应的点评。每位学生必须在观看其他小组表演的时候,观察其他小组做得好的地方。

2. 第二周。

周一：选出同组里你最不熟悉的两位同伴，与他们进行交流，一起吃午饭，一起吃晚饭，并记录下你的感受。

周二：利用下课时间为你昨天选出的两位同伴做两件好事。

周三：在晚自习后去你选出的两位同伴的宿舍参观一下，了解一下他们的宿舍生活。

周四：利用下课时间给你同组的每位伙伴送上一句温暖的祝福。

周五：完成需要团队合作的小游戏——站报纸。游戏规则：小组成员站在大报纸上，方式由自己定，一旦有人的脚踩到报纸外就算输了。每赢一轮，报纸将对折一半。比赛的输赢由最后所站的报纸的大小和站在报纸上的人数决定。

活动特色

1. 初三学生的学习生活较为忙碌，几乎没有一个专门的时间可以用来进行班级活动。而这个"微活动"是在课间进行的，任务相对简单，学生每天只要稍加留意，彼此多交流就可以完成，大大节约了时间。

2. 这个"微活动"不是在某一节班会课上进行，在时间上具有延续性，活动结束以后，学生之间也会将这种了解继续深入下去；在空间上具有延展性，活动结束后，学生会将这种彼此关心、互帮互助的精神延续到生活中，甚至今后带着这种精神踏入社会。

活动效果

第一周的活动设置旨在让每位学生学会关注自己的同伴，特别是关注同伴身上的闪光点。周一到周三的任务注重观察，周四和周五的任务注重合作。

周五各小组上台表演后，学生对自己的表演进行了总结，普遍认为第一组的表现相对较好。首先这一组的学生特别用心地注意到了本周五正好是12月20日，也就是澳门回归的日子，所以他们演唱了一首《七子之歌》。其次，在这个表演中他们合作默契，显然做了充分的准备。剩下的四组分别背诵、朗诵了语文书上的诗歌，朗读了英语短文，表演效果不是特别好，显然准备得不是很充分。

活动后，我对五个小组的表现进行了总结。第一小组表现较好，主要是小组成员在安排节目的时候注意了这几点：① 充分考虑了每个伙伴的能力，选了一首大家都比较熟悉的歌曲；② 小组中有一位领袖人物，在周四的准备阶段和周五的表演阶段都起到了领导作用；③ 准备充分，分工明确，互相督促。其中我特别强调了第一点,要充分考虑每个伙伴的能力,例如,有些组朗读英语文章,但是忽视了小组中根本不会读的伙伴,导致表演的时候只有几个人朗读,其他伙伴成了"背景墙"。

第二周的活动意图是让小组同伴之间进行深入了解。

周五班会课的小游戏让全班学生热情高涨,每组成员通力合作完成了活动。活动后,学生进行了讨论,大家对两组学生印象深刻:一组 7 位同学全部是结实型的,用学生的话说都是重量级选手。游戏前,他们觉得自己很吃亏,肯定输,可是最后他们成了胜利者,原因是当报纸一次又一次折小的时候,他们的组员不断地选择了自动退出。另一组,自始至终他们都是 7 个人一起站,在站的过程中,他们选择了不放弃任何一个伙伴,他们脚叠脚地站着。最底下一位同学的一只脚几乎承受了 6 个人的重量,但他毫无怨言。最后他们得了第二名。

活动感悟

1. 团结一致,要有牺牲精神。牺牲是需要勇气和胆量的。
2. 在面对困难的时候,要全员参与,共同想办法,用最科学、最合理的方法完成任务。

活动结束的时候,我让全班学生写了两周以来的感想。很多学生都表示,他们彼此之间有了更加熟悉和亲密的感觉,用他们的话说,不再是熟悉的陌生人了。有一位学生写道,在这两周里,他和班上最沉默的一位同学终于说上话了,这两周中他们说的话比之前两年半加起来的还要多,虽然这种友谊可能还不牢固,但是他相信只要继续互相沟通、互相帮助,他们会成为好朋友。还有很多学生写道,以前总是觉得班上某些同学有一堆坏毛病,根本就没有优点,可是通过两周的接触,发现原来他们身上也有值得赞赏和学习的地方。

两周来,给我印象最深的一次是,第二周的周三早上,班上一位男生特地跑到办公室告诉我他的伙伴好像发烧了,不太舒服。就我平日的了解,他们的座位离得很远,平时很少交流。可是通过这几天的频繁接触,他们学会了互相关注、互相关心。

"微活动"开展起来很容易,学生也很容易完成。这一次,我在学生之间搭了一座桥梁,在上桥的地方给了一些指引。相信在今后的学习和生活中,他们会更加懂得关注别人、关心别人。

在"关照"中成长
——解心结

张哲钰

活动背景

"一模"考试临近,英语口语考试迫在眉睫。中考的分量无须再三强调。学生内心也是沉甸甸的,一丝不敢马虎。所以用做游戏的方式,缓解一下紧张气氛,让学生从游戏中体会考试的注意事项,如有坚定的信念、能明确考试要求等。

活动目的

让学生在游戏中开怀大笑,缓解一天的疲劳,轻松体会考试注意事项。

活动过程

第一步:讲解游戏规则

每13人组成一个小组,大家手拉手围成一圈。

每个同学都要记住自己的左手和右手分别与谁相握。

大家松开手,随意走动(越乱难度越大),然后停下原地不动。

左手和右手握住一开始握住的同学(左右不能错)。

在不松开手的基础上,可以用跨、钻、绕、转等方式将"结"解开,恢复到一开始手拉手围成圈的样子。

第二步:游戏进行

1. 分成女生一组,男生两组,每组13人。
2. 抽签决定游戏顺序。
3. 计时员宣布游戏开始并计时。
4. 宣布获胜组。

第三步:同学们分享游戏心得,班主任发表感悟

活动效果

1. 游戏中,第一组同学没有经验,分散得较混乱。所以把结打开的时候花了很长时间。在第二、第三组参加比赛的时候，同学们有意识地分散但不混乱颠倒左右排序。第一组同学提出，分散站定后同学之间的顺序要微调，然后再手牵手。

2. 第三组中，X同学的体型超胖，Y同学的身高195厘米，比其他同学高出20厘米左右。第三组在游戏时，尽量避免X、Y同学走动，都是其他同学穿行。

3. 第二组女生队伍获得了第一名。有一个女生在整个过程中调配和指挥。我发现漂亮、成绩中等偏上的女生更受同学们欢迎。不仅男生愿意听她的话，女生也不排斥她。

4. 第一组失败了，最终有两个人未解开。排查以后发现，有一个同学左右手握反了。

5. 每组写一份游戏感悟，内容要和面临的考试相结合，写完以后交流分享。

活动感悟

常规的考前教育中，班主任总是扮演"唠叨老妈"的角色：列出清单，告诉学生考试要带好2B铅笔、橡皮、黑色水笔（起码2支），此外，数学、物理考试要带好圆规、直尺，政治考试要带好开卷材料等；再列举一些考试违规的反面例子，警示学生，严肃考纪，使学生在考前有适度的紧张感。然而，临近中考"一模"、正规的英语口语听力考试、体育考试，就算老师不"关照"，学生也是很用心的，而且心理压力很大。这个时候我选择轻松一点的方法，既可以缓解学生的紧张情绪，又可以让学生从活动中体会考试的注意事项。

第一组的同学写道："游戏时一定要听清楚规则，左右手不能反，否则再努力也解不开。就像考试要审题，按要求答题，否则会做的题目也不得分，比较冤枉。"

第二组女生写道:"分散自由走动的时候,我们就说好,几个人小范围移动,不要走散。结果我们很快解开了,得了第一名。考试也要打有准备的仗。列出一些注意事项和要带的东西,写在便利贴上并粘在大门上。出门前就能看见便利贴,心里默默盘算一番,什么都不缺了。每天都信心满满的,连考卷上超长的题目看上去也没那么讨厌了。"

第三组的 X 男生说:"还以为大家嫌我胖就会对我不耐烦,没想到他们那么照顾我。我举着胳膊让大家通过,手都酸了,但是看在同学们关照我的分上,我一直坚持着,把手尽量抬高点,我坚信我们这组一定能解开。考卷上肯定有难题,但是一定要有信心。平心静气,再读一遍题目,就算眼睛有点涩,也不能趴下睡觉,就此放弃。"

看见学生写的感悟,我知道,那些大道理学生们都懂,而且聪明的学生能猜到老师的用意,写出老师想看到的话。这些教育的语言从学生口中说出来,何尝不是一种思想强化教育。

在"思考"中成长

——"反抄袭"微班会方案

符婷婷

活动目的

班内抄作业之风兴起。为解决学生抄袭作业的思想根源问题,及时开展班会活动,以论坛的形式,抛出问题、解决问题,通过自我教育,在班内扬正风、树正气。

活动过程

依托事实,提出问题

班主任通报值日班长记录的班内开学至今的学生抄作业的情况,抛出疑问:为什么会想到用"抄"的方式解决作业问题?

黑板涂鸦,分析问题

请学生将自己抄作业的理由写到黑板上,鼓励学生写下真实想法。

学生越写越兴奋,直至写了满满一黑板。理由可归纳为以下几类:懒;忘记做了;不知道怎么做;做错太多,怕老师批评;对该门学科没兴趣;作业布置太多,来不及做……

头脑风暴,解决问题

班主任引导:面对这块满满当当的涂鸦板,小伙伴们的兴奋之情我很理解,因为发泄了内心的焦虑而无限畅快,因为挖掘到了我们问题的根源而倍感欣喜。但如果我们不能以积极的态度解决问题,所有的理由都将只是我们拒绝成长的借口。让我们成为勇士,争做智者,在小组内进行"头脑风暴",提出有建设性的意见和建议,帮助同伴,帮助自己。

学生分小组讨论,代表发言,其余同学补充、点评。

学生代表纷纷提出积极有效的建议:请小组长放学前督促容易忘记写作业的同学,检查他作业记录的情况,提醒他们将作业记全;遇到不会做的题目做好记号,第二天到校后及时联系老师说明情况,把作业补好;自习时间段内先把自己薄弱学科的作业做完,有问题及时请教;作业量大的情况下,请课代表与老师沟通,不带负面情绪敷衍作业;学习是学生的责任和义务,不能仅以兴趣为动力;与任课老师多沟通,给自己订立适当的目标,一步一步将薄弱学科补上;组内实行一帮一,给学习困难的同学配备"小老师";在与任课老师沟通困难的情况下,找班主任帮忙协调……

整理总结,落实行动

班主任总结:"只为成功找方法,不为失败找借口",同学们今天找到了很多方法,但我们必须通过实践来检验成效,请每个小组都行动起来。从今天开始,我们6个小组之间开始竞赛,看看一周之内,哪个组交作业的情况最好。下周的班会课我们将据此评选出优秀小组,并且请组员代表来交流心得体会、总结方法,将好的方法在全班推行。

活动反思

这是一次针对班级实际情况临时决定开展的主题班会活动。作业的抄袭问题是老师很难根除的一大问题。因为它可以赤裸地"存在",也可以变得很"隐蔽",所以我们的目的绝不仅仅是打击"存在"。自我教育是最好的教育。通过班会研讨引导学生做自己的主人,唤醒他们的主人翁意识,帮助他们树立克服困难的信心,并将他们以小组形式团结在一起,互相监督、提醒,使之养成良好的学习习惯,增强解决问题的能力,这是最有价值的。

在"觉悟"中成长
——听听孩子的心声

何 燕

活动背景

1. 初二的孩子,特别是男孩子,青春期的叛逆已经愈演愈烈。有的孩子跟父母之间的关系到了剑拔弩张的程度。
2. 期中考试后,孩子们情绪低落,非常害怕家长会后父母亲的责备。
3. 父母和孩子的沟通方式成了问题。

活动目的

融合家长和孩子们之间的关系,让家长理解青春期孩子的心理并考虑更好的沟通方式,让孩子理解父母的心声。

活动过程

主持人致欢迎词,表扬期中表现出色的学生。

用PPT展示同学间的互相欣赏、夸奖的评语。(这个内容由平时积累而来,目的是让家长看到别人眼中的自己孩子的优点)在这个过程中,有些家长

很兴奋,因为他们眼中的孩子总是有很多缺点,而眼前这些赞誉出乎他们的意料。

情景剧表演

1. 母女冲突(因为误会女儿交男朋友)。表演者为正和母亲有矛盾的两个女同学。

2. 父子冲突(因为儿子爱玩游戏引起的故事)。表演者为特别爱玩游戏的三个男同学。

表演观后感

1. 主持人采访父母的观后感。

2. 一位注意教育方式的父亲跟大家交流他的沟通方式。

3. 一位母亲在倾诉自己对于孩子的无奈和伤心。

换位思考小游戏

五个孩子用红领巾蒙住自己父母的眼睛,带他们从后门走出教室,再从前门走进教室,绕过障碍回到座位。

游戏中父母的表现

1. 有的父母不太信任孩子,偷偷从红领巾下方自己找路。
2. 有的父母小声责怪孩子没带对方向。
3. 有的父母从头至尾放心地跟着孩子到达目的地,始终微笑着。

班主任点评

1. 沟通是建立在彼此信任的基础上的。
2. 孩子是父母未来的依靠,亲情之间的依赖永远而且必须存在。
3. 理解父母内心的恐慌也是必要的。

活动反思

班主任感悟

也许因为孩子成绩不出色,也许因为你工作太忙、心情不好,也许因为家庭正闹着矛盾,孩子很久都没喊你爸爸或妈妈了,你也很久没握过孩子的手了。那么今天,请你握住孩子的手,感觉他的存在。

这个想法产生的原因是这样的:有一次,我儿子成绩考差了,心情特别沮丧。他把手伸向我说:"妈妈,您能握一下我的手吗?"当时,我也没反应过来。儿子长大以后,我再也没给过他一个拥抱;儿子犯错误时,我也没给过他好脸色。儿子握了我的手后,说:"妈妈,谢谢。"我看到他眼睛里有泪水。

我反思我自己,是否给他的鼓励太少了,给他的爱太少了,或者作为父母越来越不会爱了。

年少时,谁都有灰心失望的时候。谁没有过失败?谁没掉过眼泪?

我回应了儿子,还给了他一个有力的拥抱。从此,我们有了一个约定,不管是谁,心里觉得难受的时候,可以握一下彼此的手。

有时候,我工作遇上了麻烦,心情很坏的时候,我也会主动地去握儿子的手,希望得到他的安慰。儿子则会回应我"加油"。

也许,他并不优秀,但是我知道,他一直在努力。这一点在人生中特别重要。

学生感悟

我已经很久没有握过父亲的手了。它很大、很温暖,让我感到从来没有过的踏实,可能因为我一直以来就忽视了这份爱的存在。

父亲的手也很粗糙,是活儿太辛苦了吧。他的眼睛为什么也是红的,可能因为我给了他很多忐忑吧。

爸爸,我发誓,从此以后,我跟你好好讲话。

在"算计"中成长
——小零钱大用处

朱晓敏

主题确定

随着我国经济的迅速发展,人民的生活水平有了大幅度的提高,一般的家庭都能给独生子女提供较好的生活条件,而独生子女的生活高消费也成为人们关注的问题。本次主题队会旨在教育学生珍惜零花钱,改掉乱花钱的坏习惯,逐渐养成合理地使用零花钱的良好习惯。

活动准备

1. 搜集有关材料,让全体学生对零花钱的用处有初步认识,并能用身边的事实来说明。

2. 准备拼图、一个空瓶、花生米、倡议书、幻灯片。

活动一:发现小零钱的作用

老师:同学们,今天我们的生活水平提高了,生活条件好了,手中的零花钱也多了。有的同学经常拿几元、十几元甚至几十元钱去买零食,养成了乱花钱的坏习惯。看,这是老师在教室里捡到的一角和五角的硬币,已经好多天了,仍然无人到我这里来认领。看来同学们对丢了这样的小零钱根本不在乎。小零钱真的无所谓吗?下面我们一起来做两个体验活动,看看从活动中我们能得到什么样的启发。

活动过程

合作拼拼图

老师:同学们,你们每人手里都有一张卡片,想想它能用来做什么?如果我们每人把手里的卡片拿出来放在一起,会呈现出什么样的效果呢?下面我们就来玩一个合作拼图游戏。

1. 游戏规则:与小组同学合作,将卡片拼成一幅完整的图画。活动中大家配合要默契,比一比哪组做得快、静、齐!拼完后将图画展示给大家看。

2. 体验之思:一张小小的卡片放在手里发挥不出什么作用,如果把二十几张卡片放在一起,就可以拼出一幅漂亮的图画。大家一起合作可以创造奇迹!

装满空瓶子

老师:我手里拿了一个空瓶子,请同学们将自己手里的一颗花生米放进瓶子里,然后观察瓶子的变化(里面的花生米越来越多)。

体验之思:一颗花生米微不足道,将几十颗花生米都放进一个瓶子里,就可以将瓶子装满。积少成多,可做大事。

活动二:话零钱,谈作用

活动过程

1. 联系自身实际,说说通过上面两个活动,受到什么样的启发。

2. 揭示主题:一张卡片、一颗花生米就像我们手里的一分钱、一角钱。这样的小零钱,如果我们把它们攒下来,同样可以有大用处。

3. 说说自己有多少零花钱,平时都用它来做什么。

4. 了解小零钱的大用处:

(1)在偏远的山区,有许许多多小朋友,他们因无法支付学杂费而不能上学。他们多么盼望有一天能够走进课堂啊!只要我们每人每天节约一角钱,按 60 人计算,一年后,我们就可以帮助六名失学儿童,他们就可以上学读书了,这是一件多么有意义的事呀!

(2)如果我们每人每天存一角钱,五年后就可以买一辆普通自行车了。骑着属于自己的自行车去上学,多好啊!

(3)如果我们班级每人每天节约一分钱,按 40 人计算,一年后,我们就可以买 240 个本子和 200 支铅笔。如果每人每天节约两分钱,那么一年以后,每人都可以买到一支钢笔。

老师:看了上面的资料,你有什么感受?我们把零钱攒起来,不但自己可以做有用的事,大家把钱集中起来还可以做大事、做有意义的事。

活动三:学会如何合理使用零花钱

活动过程

1. 结合刚才的活动,谈谈今后你打算怎样使用零花钱。

(我们要向雷锋叔叔学习!把零用钱攒起来,买学习用品。把零用钱攒起来,捐给灾区的小朋友。把零钱换成整钱,存到银行里,将来上大学使用。要把零钱放入小小的储蓄罐)

2. 要想做一个不乱花钱、会合理使用零花钱的学生并不是一件容易的事。

当我们面对各种诱惑时你该怎样做？（面对橱窗里的变形金刚时；每天路过校门前的小摊，看到各种各样的小商品时；闻到香气扑鼻的羊肉串时……）

3. 拟写倡议书。

老师：我们不仅要学会控制自己，还要提醒他人不要乱花钱。那就让我们向全体同学发出倡议，号召大家从节约一分钱开始，学会珍惜零钱，合理使用零花钱。

倡 议 书

拒绝乱买零食和小摊上的商品。

珍惜学习用品，养成节约的好习惯。

把钱攒下来，直到真正需要的那一天。

活动效果

1. 老师向每名学生发一张空白储蓄单。学生将今后节约的每一分钱都"存"到这上面，5年后看谁存的钱最多！

2. 小结：小零钱大用处，积少成多可干大事。要想做一名爱惜钱、不乱花钱、合理使用零花钱的好学生，确是一件非常不容易的事。要让手中的零花钱发挥最大的用处。

第四篇
写出智慧

　　通过"说说、写写"这种活动形式,通过直观的参照对比,孩子们在"现实的我和理想的我"间斗争徘徊着,在同伴的认可或否认中进行自我调节,通过自助和互助的方式寻找途径,逐渐学会自我角色认同。

写出"生命最爱"
——解析"生命中"最珍贵的事物

赵瑞莹

活动目的

1. 思考自己"生命中最重要的五样东西"。通过对留与舍的决定,帮助学生澄清自己的价值取向。
2. 在交流分享中,同学之间彼此启发、相互学习,完成价值观的重组。

活动过程

1. 全班学生分成若干个6人小组,每人发一张纸和一支笔。

2. 主持人要求大家把自己"生命中最重要的五样东西"写下来,在小组内做一个交流。

3. 请每个人想一想,假如要从五样中划去一样,自己首先划去哪一样,划去的理由是什么。就这样依次再划去一样……直到最后还剩一样。

4. 小组交流划去的顺序和理由,全班分享自己做出留与舍决定时的心理感受。

注意事项

1. 注意营造一种安静、庄重的氛围。主持人要做好前期的引导,让每个人能够在认真思考的基础上做出留与舍的决定,避免轻率、随意、肤浅。

2. 在每个学生写完自己生命中最重要的五样东西后安排小组交流,是为了让同学之间有一个相互启发、自我澄清的过程,所以交流后,允许学生修改自己的"生命中最重要的五样东西"。

3. 全班分享时主持人一定要关注学生在做出留与舍决定时的心理感受,是轻松、果断、明确地划去,还是犹豫、痛苦、矛盾地划去,因为要求最后只留一项对有些学生来说会比较困难。

活动感悟

学生 A:我认为,我生命中最重要的五样东西便是父母、朋友、健康、知识与财富。刚开始划去时,我几乎没有犹豫,直接划去了财富,因为我认为,钱没了,很快就能赚回来,而其他的,可谓来之不易,或人生中只能拥有一次。第二次,我踌躇了一下,还是选择了健康。世界上有许多并不是十分健康的人,但所有人对知识的渴望和对亲人、对朋友的依恋都是一样的,有了这些,我认为是否健康也不甚重要了。第三次,我犹豫了,不知如何抉择,一方面是生我养我疼我的父母,一方面是或许要陪我走过大半生、与我共同跨过困难的朋友,一方面是能给予我精神上的快乐、令我充实的知识。最终,我还是选择了知识,或许这只是因为我是一个感性的人,无法失去情感的滋养。到了最后一次选择,我反而不再犹豫,直接划去了朋友,并不是因为朋友不重要,只是因为父母对我来说太重要,光是生我、养我、育我,令我出生在世界上的这份恩情,就令我无法回报。这次活动,令我明白了珍贵东西的可贵。我应该好好珍惜这些珍贵的东西。

学生 B:我写下了五样最重要的东西——亲情、友情、健康、蓝天、梦想。第一次划去的是健康,其实当时还是很犹豫的,但是当想到世界各地还有那么多残疾儿童虽然不拥有健康,却依旧用积极的生活态度面对一切的时候,我就选择了放弃"健康"。第二次划去的是蓝天,这是我最舍不得的。可能因为我是一个女孩子，比较多愁善感，所以特别喜欢蓝天。不管我有什么样的烦恼，只要看到蓝天，心情立刻就好起来了。所以当时准备划掉蓝天的时候很纠结。直到主持人下令划掉第三样东西的时候我才匆匆划掉，因为即使蓝天对我很重要，可相比其他三项，地位还是轻了些。第三次划去的是友情，本想划去亲情，可是脑海里总是想起家人日夜操劳的样子，想着和家人一起度过的那些快乐时光，终究还是舍不得划去我的家人，只好狠心划去了友情。第四次划去的是亲情，虽然在选择时很痛苦，我很在乎亲情，但梦想是我从小到大一直坚持着的，我为梦想痛过、哭过、笑过，在我的世界里，我把梦想奉成了神。梦想是我从未想过放弃的。

学生C：在人生中有很多重要的东西，而我选择了五样我觉得最重要的写在白纸上——健康、诚信、亲情、友情、时间。在班长开口说要划掉其中一个的时候，我下意识地划去了友情。可我心里还是有点舍不得，因为友情会给我带来不一样的感情，但我依旧把它第一个划掉了。第二次我把时间划掉了，虽然说时间是金钱，时间很宝贵，我们要珍惜，但是金钱就是身外之物，在有时间之前，我们要有健康的身体，我们要有诚信，我们要有亲情，不然有了时间我们又能做什么？第三次我忍痛把亲情划掉了，因为我觉得一个人没有诚信，他的家人也不会喜欢他。第四次我把诚信划去了，因为没有健康的身体，一切都是徒劳。在我看来，生命中最重要的是健康，有了健康的身体，我才能做我想做的事情。

学生D：我生命中最重要的五样东西是家人、健康、底线、品德、梦想。我第一次划掉了底线，因为我能够忍受。第二次划去的是健康，既然连底线都没有了，那么忍受疾病的痛苦也并不困难。第三次，我动摇了。此时我只有家人、品德、梦想了，当我挣扎于品德和梦想之间时，我的内心是多么痛苦！一个人若没了梦想，跟咸鱼有什么两样？但他若没了品德，每天都捧着一颗虚假的心去面对世界，活着还有什么意义？于是我将梦想划掉了。最后还要划去一样，家人和品德该如何选择呢？父母，女儿不孝，若没了品德，和你们生活在一起也不会感到快乐。我不愿虚假地面对任何人。于是，我划去了家人。品德在大多数人看来真不算什么，但对我来说如同父母的教诲，必须遵守。不忘初心。

写出"情调趣味"
——给同学写一张贺卡

高 旻

活动背景

期末考试临近,学生的学习压力过重,让同学之间互写贺卡,能缓解学生的学业压力,增强同学之间的感情,用情感的力量来强化学习的目标,提高学生的学习积极性。

活动过程

材料准备:购买贺卡。

班主任:期末考试即将来临,这次的期末考试目标制定我们要换个方式。以你的期中考试总成绩作为依据,挑选一位总成绩比你好的同学作为期末考试的目标同学,然后结合你对他的了解给他写一张新年贺卡。贺卡内容必须包括:你对该同学的新年祝福和你的考试目标,其余内容不限。下面由班主任通报一下期中考试的情况,同学们仔细听……下面分发贺卡,请挑选一位同学作为你的祝福人和竞争者,写下你的祝福和努力目标。写完后将挑选两到三名同学到台上进行送贺卡仪式。

活动反思

学生感悟(新年写给小伙伴的祝福语)

学生1:祝你在以后的日子里多多行善积德,好好学习,天天向上,成绩越来越好。希望我们能成为学习上的好伙伴。

学生2:亲爱的小伙伴,先祝你圣诞节快乐。马上就要期末考试了,虽然你的成绩略好于我,但是我一定会在这一次期末考试中超过你甚至超过你前面的人,同时,也希望你跟我一样超越你前面的同学。我们一起加油,一起努力!

学生3:王某某同学,首先祝你圣诞快乐!这一次的考试,我比你低一名。我希望能通过自己的努力超越你,一次不行就两次,在这一点上我是不会服输的。

学生4:亲爱的毛某某,我衷心地祝愿你新年快乐。在这一年半的时间里,我渐渐地了解你,你是一个外表很憨厚、内心很善良的同学,你很有责任心。当我的目标是你时,我觉得很有压力,但是我不会放弃,我一定可以超过你。让我们一起进步,共同完成我们的目标吧!

学生5:亲爱的戴同学,你是一个美丽、聪明、可爱的女生,你学习成绩好,善解人意,是真善美的化身。在期中考试中,我落后于你,因此,我在努力地学习,希望能在本学期末的调研考试中超越你!希望你也继续加油,好好学习,越活越年轻,越来越漂亮!

学生6:刘某某同学,你是初一开学一个月之后转来的学生。你来了之后我以为你成绩并不会很好,但你的努力让我大吃一惊。你为人善良、淳朴、可爱,我们都很乐意与你交往。虽然有一段时间成绩落下了,但你又迎头赶上,进入了班级的前十名。这次期中考试你又通过自己的努力得到了第5名,我很佩服。这次你在我前,但我一定会更用功追上你的,你一定也要加油哦!提前祝你新年快乐!

教师感悟

这个活动很受同学们的欢迎。活动后同学们这样说道:"活动很有意义,我长这么大还没给同学送过贺卡,是老师你给了我这次机会","这次活动让我十分开心。平时对比我分数高的同学有种自卑感,但是通过祝福的形式,气氛变得很轻松和愉悦。虽然平时的学习生活很枯燥,但我现在快乐多了!我会更努力超过比我分数高的同学"。学生在祝福中找到了竞争目标,找到了学习的动力,在活动中悟到了生活的真谛。我感到很欣慰!

活动分享

期末考试结束后,对达成目标的同学进行嘉奖,对没有达到目标的同学进行鼓励,让整个活动有头有尾!

奖项设置:

1. 一等奖:超分最多奖。
2. 二等奖:达标奖。
3. 三等奖:差距缩小奖。

写出"凝聚力"
——同心共赢,赢在九班
厉 华

活动目的

培养学生的团队合作意识,增强班级凝聚力。

活动过程

活动准备:拖把1把,水桶1个,短绳6根(分别系在拖把的顶端和中部,绳子从中间打结,这样形成顶端6个头、中间6个头),空地一片。

活动规则:12人一组。队员只能通过手中的绳子来控制拖把,完成"赢"字的书写。

活动导语:当今社会,单打独斗的时代已经过去了,只有靠团队合作才能取得最终的成功;执行力最终要靠团队实现;优秀的团体要靠每一个优秀个体的努力;合作才是王道。

活动步骤:

1. 第一组以男生为主。这群小伙子一上来就乱成一团,全程跟开玩笑似的,有的人用尽了所有力气,有的人一点力都不出,给大家的感觉好像在比谁的力气大。他们的绳子基本没有拉直过,所以拖把也始终没有竖直过。最后用了2分40多秒写完了一个"赢"字,字迹歪歪扭扭。

2. 第二组男女各半,场地也由教室内换到了教室外的空地上。正所谓"男女搭配,干活不累",这组同学完成"赢"字书写的速度是最快的!

第四篇　写出智慧

3. 第三组以女生为主，他们从一开始就非常讲究配合，从绳子的分布，到用力的均匀，再到每一笔的书写，他们的拖把始终保持在笔直的状态，而且还有一位细心的女生在做整体的规划指导，所以他们的"赢"字写得最漂亮。

活动反思

学生1：这次活动让我深深体会到了在写"赢"的过程中团结是最重要的。在这个过程中，大家都要出自己的一份均匀的力量，都要有共同的目标。我相信，在我们九班这个大家庭中，这个"赢"字会离我们越来越近。

学生2：合作是重要的。我们组的笔始终都是斜的，各顾各使力，有的根本不出力，以致用力不均。

学生3：在写"赢"的过程中，我体会到了合作的力量与合作成功的喜悦。在看别人做时，我想，这一定十分简单，可是轮到我自己的时候，我才觉得不是那么容易。我觉得与同学合作是十分快乐的。虽然那个"赢"很快消失了，但是我会永远记住这次合作。

学生4：我认为要想写好这个字，必须12位成员共同努力，而且每位同学都要用力均匀，如果拉得太紧，"笔"会竖不起来，写的字也就不好看。所以，只有参加的同学有共同的目标，才能将"赢"字写好。

学生5：合作并不容易，它需要成员间的互相配合和默契，而不是独揽天下。集体是个人成长的摇篮和沃土，只有在集体中才能发挥出更好的自我，但不可以在集体中把个人利益置于先头。如果一些人在集体中过于强势，那极有可能将一些真正拥有才能的人埋没。因此，集体配合并不是那么简单。

写出"愿望"有力量

——"成长的烦恼"之"对未来的期望"活动

李平利

活动背景

学生们进入初二,自我意识增强,对未来人生渐渐开始有一些自己的想法。

活动目的

拟通过这个"微活动",帮助学生们正视自己的未来,从自己和家长的角度出发,整理自己对未来的期望以及家长对自己的期望,从而正视现在,珍惜当下。

活动过程

1. 随机分组,每组领白纸一张。

2. 宣布三个主题,提出写作要求。

大家正值十三四岁的年纪,自己对自己的期望以及老师和家长的期许是我们不断努力的动力。你对自己未来的期望是什么呢?和家长有过沟通么?家长对你的期望又是什么呢?让我们把这些内容写下来,或许你有新的发现。

3. 微主题写作及交流。

用5分钟左右的时间写下自己对未来的期望以及家长对自己的期望,并互相交流,班主任也参与其中。

4. "叶微三人行"。

每组派一个代表,分享感悟,交流主题,碰撞启发。

活动效果

1. 我发现大多数学生对未来是有想法的。但也有一些学生似乎还活在小朋友的世界里,觉得将来怎样无所谓,反正做完老师要求的事情就可以了,很明显在成熟度上比较落后。

2. 分享交流中,学生代表先介绍了自己对自己的期望,再介绍了家长的期望。我发现,女生的自我期望通常比较切合实际。很多女生想做老师,还有一些女生就说希望过得好。女生家长的期望和孩子自己的期望比较贴近。令我意外的是,不少女生表示,家长就希望她们过得好,甚至提到"嫁得好些"。班级男生的自我期望和家长期望大多一致,但有的也有比较大的出入。部分家长希望孩子读到硕士或博士,但是孩子说自己读个大专或中专就可以。在这些家庭中,往往是家长自己不思进取,却总是期望孩子非常优秀。当然,我也表达了自己的看法:

(1) 自己是最靠得住的,保持自身优秀是一切的根本。

(2) 现在同学们的年龄考虑婚姻还为时尚早,当务之急是把握当下,让自己更好地发展。

活动感悟

1. 由于学校生源的因素,加上我自己带的是普通班,相对优秀的学生不多。学生们由于家长的影响,都很现实,几乎没有人有比较远大的理想。家长都希望孩子长大后能赚钱,养活自己就可以了。

2. 活动最后,我没有对他们的想法发表太多意见。"行行出状元",只要孩子们有方向、肯努力,就是有希望的。我相信,那些没想法的孩子,也多少会被其他同学触动。

3. 家长对孩子的影响是深远的。圈子的力量是无限的。衷心希望孩子们能通过努力跳出自己这个本不大的圈子,走向更远的世界。

写出"成功"一点点

——《成功记录本》活动

徐丽君

活动背景

我现在所带的这个班级情况比较特殊。因教育资源整合,学校拆并,目前只有这一个班级,因此缺少班级之间的竞争。而这个班级的22个学生普遍学习基础薄弱、学习习惯差,学习困难的学生占了2/3,班级内部也很难形成学习上的竞争意识。也因为学习上的挫折,他们中的一些人有点自卑,一些人有点自暴自弃,一些人又感到茫然而无目标。

为了建立他们的自信,帮助他们树立奋斗目标,调动他们的积极性,我设计了一个"微活动"——"每天成功一点点"。

活动过程

1. 为每个学生准备了一本《成功记录本》。
2. 每天放学的时候,利用2分钟的时间,让学生们写下一天里"自己认为做得最成功或最得意的事情"。
3. 与学生一起写下自己最高兴的事。

活动推荐

这个活动操作方便,基本不占用学生的时间,也不会给学生带来负担。只要坚持,就会发现一切都在潜移默化,不知不觉中向着好的方向发展。

活动效果

刚开始的一两天,学生似乎还没有什么感觉,只是在应付,有学生甚至还觉得这事情挺麻烦。随着时间的推移,我发现学生们开始变了。

首先,写的习惯培养起来了。学生们写得越来越迅速。原本还得冥思苦想一会儿才能写出来,现在基本不用思考就下笔了。

其次,写的情感越来越浓厚了。每次写完成功之事后,学生脸上的表情丰富了——高兴的、自豪的、欣慰的,真是丰富多彩。

第三，写的反思作用体现出来了。学生所写的成功之事越来越多，涉及的面也越来越广。物理测验第一名，政治作业全对，英语口语一次过关，语文默写全对，上课没有睡觉，早晨没有赖床，为班级换水……最重要的是，他们开始有方向、有目标了。为了每天能在《成功记录本》上写上一笔，他们动足了脑筋——就想着一天一定得做一件成功的事情，哪怕是"离开教室时为班级关灯"这样的小事也主动去做了。一直拖拉订正的徐同学，能在当天完成了；上课总睡觉的束同学，能坚持每节课都精神抖擞了；平时值日马虎的华同学，能把教室的地面扫得干干净净了；见到英语老师就逃的金同学，已经成功背完20篇口语课文了……也许起初只是为了应付老师、完成任务，但是从学生们后来的这些变化中，我明显感觉到他们的自觉和他们的上进，这一切都是他们真心真意去做的。

活动感悟

这个"微活动"开展了一个多月，虽然时间短，但是效果明显。这比平时苦口婆心的劝说、教育要有效得多。不管学生的成绩是否有明显进步，每一个学生每天至少都能积极主动去完成一件事情，从"每天成功一点点"中获得自信，认准目标，并为之努力。对于他们来说，这是多么有意义的每一天啊！

写出"飞扬青春"
——我们班的TED

赵瑞莹

> **活动目的**

写出"灿烂青春",写出班级"飞扬个性""好人好事"。

> **活动过程**

TED 微型演讲

每周五的班会课上,我都会选两位同学上讲台进行三分钟的简短演讲。同学们在演讲时或畅谈未来梦想,或介绍学习习惯方法……短短的三分钟演讲,无形中将学生们的另一面展示了出来,增进了对彼此的了解,并且收获了不少有益于自身身心健康或自身学习的方法。

进行这个活动的目的是让大家都有展示自己的机会。通过这个活动,大家的视野变得更开阔,在班级中形成了你追我赶的良好氛围。

留言墙

在每天放学前的两分钟,同学们把自己一天中最难忘的事写在便签上,贴到班级后方的板报旁。因为这个小小的举动,同学们在放学后都是带着愉快的心情走出教室。在初三如此紧张的学习中,小小便签传递并分享着大家的甜酸苦辣,鼓励着大家共同进步。

第五篇
团队智慧

　　令人感动的不是那刻意创设的活动空间和氛围,而是"时间"和"情感",是一切发生在时间里的"故事",发生在团队中的"情感"。每一个教师介绍自己的活动总是多谈故事,仿佛故事才是最重要的,活动只不过是那些说给别人听的故事的移动背景罢了。

无微不至

——学校"微活动"德育系列

蒋少鸿

活动背景

两年前,我校学生处依据学生发展实际情况,为全面落实素质教育要求,呼应我校课改学段目标,提出了德育的学段目标:

初一:迈好初中第一步,做一个合格的平江学生。

初二:迈好青春第一步,做一个阳光的平江学生。

初三:迈好理想第一步,做一个优秀的平江学生。

活动过程

初三学时紧张,但同时在毕业学期更需要调动学生的各种非智力因素,这就促使了德育"微活动"的骤增。着眼于适应、成长、激励,为了提高德育质量,德育"微活动"全面铺开、化整为零,更关注调动教育因素的方方面面(学生、家长及老师),我称之为"无微不至"。下面分类列举一些"微活动"。

学生层面

互动型"微活动":"我们是最棒的"、中考动员。

主导型"微活动":微电影《永不放弃》《天堂午餐》《无臂钢琴师刘伟》,PPT《失落的一角》。

演讲型"微活动":《总有一种力量让我们前进》《让生命绽放》《梦想着未来的梦想》。

竞争型"微活动":考试文化班集体PK、达人秀活动。

生活"微活动":PPT制作《红红火火过大年》、亲子七色花。

校际互助"微活动":主题班会"我的交往我做主"。

家长层面

优秀家长授奖、亲子活动、报纸《家长学校》。

教师层面

《走过2010—2013》《年轻的心》《泰迪的故事》。

活动效果

两年活动的效果显著。由16个班级组成的年级更像是一个大家庭。大家团结并进，互补共赢。从初二调研到初三中考，全年级优秀率不断提升，后30%人数得到有效控制，在教育局发展性评估中名列前茅。

新生入学教育往往是灌输式的。经历了一段时间的适应后，各种常规问题往往会反弹。很多老师会采取进一步强化教育的方法，但是收效甚微。问题在哪呢？作为入学教育课题组的成员，我们全组认真探讨了问题的成因。德育量化使得班主任在教育方面急功近利；学生也持任务心态，新鲜感一过就开始有了惰性，久而久之就被动地应付。如何解决呢？且看教室门口的独特风景！

在16个班级教室门口都钉有一个爱心邮箱。怎么使用呢？首先我们通过年级大会号召全年级学生树立"互补共赢，自主管理"的思想理念，倡导文明、激扬正气，一同努力打造一个和谐、美好的年级大家园。通过具体细化的要求，倡导学生乐于做好人好事，倡导学生勇于指正不文明现象，倡导学生积极提醒别班卫生死角等。对于做到上述倡议事项的学生，受帮助学生或班级将被要求写感谢卡投递到对方班级爱心信箱中。每过一段时间，打开信箱，班委和年级部按照感谢卡的数量来评定文明生和文明班级，并将感谢卡和事迹张贴到宣传栏。此举一方面调动了学生的积极性，使得原本班级之间的竞争压力转化成互补共赢的友谊；另一方面，在一定程度上消除了德育量化带来的弊端，使学生转变了原先"各扫门前雪"的懒惰、自私的思想，树立了积极向上的价值观。

此外，爱心邮箱还有多种用途，比如：平时师生之间遇到不能当面交流的情况，可以通过写信投递到爱心邮箱进行文字交流；年末考试或者比赛时，各班学生之间会用新年贺卡写挑战书，相互较量，一同进步；到初三时，班中某个同学过生日，老师会写祝福卡投递进信箱，来给毕业班学生减压或激励。

活动拓展

最近初一年级部依托爱心邮箱开展了"纸鹤传情——感恩节微活动"。年级部学生自主发展中心的学生们拟了《感恩节告初一全体同学书》，发出倡议，号召同学们相互道一句谢、给老师鞠一躬、给父母一个拥抱。然后各班班主任亲手把倡议书折成了千纸鹤，投递到邮箱中。学生打开邮箱收到惊喜，认真阅读，热烈响应号召，一些班级的班干部还把"微活动"拓展成了主题班会。我们把主题班会在校园内进行滚动播报，展示给家长看。家长纷纷配合，并给学校发来感谢短信。活动搭建了三方心理沟通的桥梁，增加了相互之间的感情。

在长期的爱心邮箱活动中，我们更期待学生素质得以真正提高，健康的心理、优秀的人格得以养成，师生之间的关系更为密切。

众志成城

——"人长城"活动

倪小平

活动目的

通过本游戏让学生体验团队精神。活动要求在团队中的每个人都要充分贡献自己的力量,不能存在任何偷懒、滥竽充数的思想。

活动过程

1. 所有学生围成一圈,每位学生都将手放在前面的学生的肩上。
2. 听从训练者的指挥,然后每位学生都徐徐坐在他后面学生的大腿上。
3. 坐下之后,培训者可以再喊出相应的口号,例如齐心协力、勇往直前等。
4. 可以以小组比赛的形式进行,看看哪个小组坚持得最久。

活动特色

耗时短(大约5分钟),场地不限,无需器材,简单易操作。

活动讨论

1. 在游戏过程中,自己的精神状态是否发生变化?身体和声音是否也相应出现变化?
2. 在发现自己出现以上变化时,是否及时加以调整?
3. 是否有依赖思想,认为自己的松懈对团队影响不大?最后出现什么情况?
4. 要在竞争中取胜,什么是最重要的?

活动感悟

1. 这个游戏考察了学生们的协调能力和合作精神,需要彼此的容忍与配合,还要有一个明确坚定的目标——比别的组坚持的时间长。
2. 老师要在旁给予学生鼓励,比如告诉他们已经坚持了多长时间,或告诉某组他们目前是第一,等等,以鼓舞学生的士气。

3. 同组的学生之间的沟通是最重要的,如果他们互相鼓励以及随时让队友知道自己的状况,将有利于任务的完成。这个活动可以让学生们体会同伴的重要性,也能增进他们的互相了解。

合作的力量

——"松鼠"搬家

赵瑞莹

活动目的

1. 让学生在游戏中体验竞争和被淘汰的残酷,感受合作的力量。
2. 开拓学生的思维方式,让学生在竞争中体验双赢的快乐。

活动过程

1. 参与者每三人为一组,其中两人双手举起对撑搭成一个"小木屋",另一个人扮"小松鼠",蹲在"小木屋"里。

2. 根据主持人的口令进行变化,如:"松鼠搬家"——"小松鼠"蹲进其他的"小木屋"中。"樵夫砍柴"——搭建"小木屋"的两个人分开,寻找新的"樵夫"搭建新的"小木屋"。"森林大火"——"小松鼠"可以变成"樵夫","樵夫"可以变成"小松鼠"。

3. 主持人可以不断变化着发出口令,大家做出相应的变化。在活动一开始安排2只无家可归的"小松鼠"充当竞争的角色,这样在变化中必然会有新的"小松鼠"或"樵夫"被淘汰。

4. 集体分享活动的感悟。

注意事项

1. 要有足够大的活动空间,便于"小松鼠"和"樵夫"跑动变化。

2. 本活动的参与人数越多效果越好,无"家"可归的"小松鼠"和没有"小松鼠"的"小木屋"均会被淘汰。

3. 主持人要关注多次被淘汰的"小松鼠"和"樵夫",可以请他们表演节目或交流被淘汰的原因及心理感受。

活动分享

活动点评

"松鼠搬家"游戏是在快乐的笑声中进行的。在激烈动荡的"森林大火"

中,机灵的"小松鼠"很快找到了新的家;勤劳的"樵夫"不仅搭好了新"屋",还热情地呼唤着"小松鼠"进"屋",形成了和谐的"松鼠之家"。假如"小松鼠"和"樵夫"没有主动交往的意识,没有积极合作的态度,没有有效竞争的能力,被淘汰是必然的。活动一开始主持人就安排了两只以上无家可归的"小松鼠",所以按一间"木屋"一只"小松鼠"来安排,一定有"小松鼠"或"樵夫"被淘汰。但主持人发现,有的"小木屋"里住着两只"小松鼠"。是强行登陆还是友情邀请?这时就得请出两只"小松鼠"问个明白。原来一只"小松鼠"无家可归时,温馨的"松鼠之家"热情地邀请它,接纳与包容使这只"小松鼠"感动万分。

虽然游戏规则要求一间"小木屋"中只住一只"小松鼠",但出现了一"屋"住双"鼠"的情形,主持人对此应该肯定,欣赏这种突破规则、开放思路的态度,提倡这种"在竞争中合作,在合作中竞争"的精神。游戏让大家一方面感受竞争的压力和残酷,另一方面体验了温馨与快乐。

学生感悟

学生甲:今天的"松鼠搬家"游戏规则十分灵活,而游戏本身也考验了大家的体力与脑力。第一轮较为容易,45位同学正好能分成15组,但仍有一些同学没有找到各自的房子。被淘汰的同学在跑道边观看第二轮的比赛。这一轮中,需要将"小松鼠"与"小木屋"角色互换。我们组马上和附近的一组互换,顺利地通过了第二轮。第三轮是最激烈的一轮,我们不仅要找到"小松鼠"搭"小木屋",还要与被淘汰的同学竞争"小木屋"。在几番辗转波折后,我找到了两位落单的同学,确认角色后组成了一组,十分幸运地通过了第三轮。在这次很有意义的"微活动"中,我体会到理解规则并灵活运用规则的重要性。同学们也学会了团结互助。只有将这些体会与心得融入日常的学习中,我们班才会更美好!

　　学生乙：今天我们在操场上举行了一个好玩的"微活动"——"松鼠搬家"。幸运的是，我一次都没有被淘汰。这个活动令我懂得了做事要有策略。每一轮比赛主持人宣布规则前，我们总是会与周边的队伍联盟，当比赛开始时便可以直接进行交换，这样就节省了时间和体力，还保证了胜率。

　　学生丙：这次"微活动"共有三种角色：松鼠、樵夫、木屋。我一开始被组里分配到"松鼠"的角色，但是被人推开了。之后的下一轮，我努力去冲倒别人，但是失败了。再下一轮，我和同样被淘汰的两人组成了三人组，并"存活"下来，一直到结束。（与另外三人组成六人组，换"松鼠"和"木屋"）"存活"到最后，兴许是因为掌握了技巧。在整个游戏中，我被淘汰了两次（因为不熟悉游戏规则），获得了三次胜利。我觉得在一个游戏里，摸清规则是最重要的！

　　学生丁：今天我们开展了"微活动"——"松鼠搬家"。很幸运的是我没有输过。至于为什么没输，我总结了一下，大概是因为我每次都会与他人合作吧。无论是"松鼠搬家"还是"樵夫砍柴"，在主持人宣布开始前我都会找另一对互换，也就是找好对象，这样一来，在主持人喊口令时就不会像无头苍蝇一样东碰西撞了，而是有目标的。在最后一次"森林大火"时，我也是先找对象，很快就找到了"木屋"。通过这次"微活动"我认识到，无论是游戏还是学习，甚至是人生，只要有一个明确的目标，就能更好地发展。

让文化点亮教室　让书香飘满班级

孙智文

活动目的

将教室布置得更加温馨美丽，让孩子们在一个良好的氛围下学习、生活。

活动准备

确立设计小组

经过自愿报名和推荐，选定了8位同学，分成4组，分别设计班级教室内四块空白区域的文化装饰内容。

班内动员

动员全体同学参与到班级文化布置中来。列举出可以用作装饰的物品，例如书法作品、绘画作品、花草植物、习作抄写等。并且要求每人带一本书来，作为班级图书馆藏书，由班级图书管理员负责管理。

物资购买

购买相框(老师淘宝购买)、装饰画(学生购买)、额外书籍(在网上书店购买)，并开好发票。

活动过程

1. 由于前期做了充分的准备，所以用了一节班会课的时间就完成了全部布置。每一位学生都带来了自己的作品、植物或者书籍。

2. 分组行动，分为墙面装饰组(4小组)、绿化组、图书组和相框上墙组。

3. 每个小组的成员都积极行动，全体上阵。由于部分小组要做比较复杂精细的折纸花，所以小组同学会比较多一些。

4. 相框上墙组的成员基本都是男生。他们根据材料包的要求，完成了照片墙的安装工作，合作非常顺利。

5. 图书组的同学整理图书，记下每一位同学的书籍清单，并且整理出希望老师为全班购买的书籍(日后再次上网上书店购买)。

6. 绿化组的同学负责把植物打理好，并且安排好每天的负责人员(2人)。

活动分享

"自信扬帆　超越自我"

杨实新

活动目的

树立学生信心,引导学生鼓起勇于战胜困难的勇气和掌握战胜自我的科学方法。

活动背景

面临中考,有的学生能坦然面对,更多的学生出现紧张、焦虑的情绪,有的甚至出现记忆阻滞、失眠、自甘放弃的情况。对于所有的学生来说,勇于挑战困难,顺利度过这段艰难岁月,是一个不小的难题。

活动过程

热身活动:"我们是最棒的!"

1. 由班长带领全体学生入场,以班主任为圆心围成一个圈。由班主任讲明规则和做法:每个同学拍前后同学的肩膀及自己击掌,共三个动作做六次,依次说"我""我们""我们是""我们是最""我们是最棒""我们是最棒的",最后动作完成后跳起来,以脚离地为准。

2. 班主任示范一次,全班跟着做一次并计时。然后给2分钟练习,全班一起再完成一次,再计时。最后将两次时间进行对比。

3. 讨论:

(1) 对比两次,有什么不同的做法?

(2) 为什么我们第二次做得更快?

这个热身活动快速增进了同学之间的关系,培养了团队成员的默契和协作能力,让他们体会到了融入团队合作成功的成就感。

激情超越活动："激情 100 秒"

游戏共分"爱的接力"和"井里逃生"两个环节。全班按照平时的分组,以组为单位,5个组顺序列队站好。第一个环节中要求每组围成一圈,依次在竖棍上接力。全部完成后进入第二个环节。这一环节中,每组中的每个人的身体在最短的时间内完全越过一个方框,也可以两个人一起,只要能通过即可。

游戏规则:

1. 以组为单位进行 PK,抽签决定比赛顺序。

2. 若木棍掉在地上,需拾起来再继续,只有完成木棍接力后才能进入第二个环节。

3. 准备时间为 3 分钟。在规定时间内最快完成规定动作的组获胜。

学生需在 100 秒内完成两项灵活性较高的任务,这是一个较大的挑战,考验每个组员之间的默契程度。这需要科学决策、目标明确、相互协调。几乎每个组都在规定时间内完成了,只是在速度和完成动作的规范性上有差异。但这些都不影响整个场面的热烈程度以及同学们投入的热情。他们体会到成功后忘我的喜悦感。

"心灵碰碰碰"活动

1. 请获得第一名的组选出代表发言,谈谈成功的经验。

2. 其他组各选一名代表发言,谈谈本组在活动中的经验和教训。

3. 全班讨论从本次活动中得到的启示。

"自信扬帆 超越自我"

活动感悟

学生A：在活动中，我们付出了汗水，收获了喜悦，体会到了团队的力量。在今后的学习生活中，我要发扬这种团队精神，和同学们一起努力拼搏，在中考中取得好成绩！

学生B："我们是最棒的"，这是我从活动中体会最深的一句话。我们从懒散变得不再懒散。一次次的超越让我们变得自信，一次次争分夺秒的竞争让我们变得团结。

学生C：今天下午举行的"自信扬帆　超越自我"活动让我感触很深。在活动中，我看到了我们班级的团结、同学们的智慧以及大家的坚持。我非常感谢这次活动。以前我认为我们的班级不团结，但通过这次活动，大家一起展现出了属于我们初三（五）班的默契。我们将珍惜这最后一个学期拼搏的时光！

学生D：这次拓展活动我们全班都用心参与了。一开始，我们都认为无法完成任务，但最后通过坚持不懈地尝试和吸取经验，出色完成了所有任务。我认为学习也是一样，不懈努力终会成功。

驿站传书

王 杰

活动目的

使学生在活动中体会人际沟通的重要性和充分沟通对团队目标实现的重要意义。

活动过程

活动介绍：全队成员排成一列，每个人这时候就相当于一个驿站。培训师把一张带有 7 位数以内的数字的信息卡片交到最后一位伙伴的手中。全队成员要利用自己的聪明才智把这个数字信息传递给最前面的伙伴。当这位伙伴收到信息以后要迅速举手，并把信息写在纸片上交给最前面的培训师。比赛总共进行四轮。

活动规则：

1. 不能讲话。
2. 不能回头。
3. 后面的伙伴的任何部位不能超过前面人身体的肩缝横截面以及无限延伸面。（前后标准要以最前面的某个物品做参照，比如白板，离白板近则为前，离白板远则为后）
4. 当信息传到最前面伙伴手中时，这位伙伴要迅速举手示意，并把信息交到白板附近的老师手中。计时会以举手那一刻为截止时间。
5. 不能传递纸条和扔纸条。
6. 项目的最终解释权和裁判权归老师。
7. 第一轮时间≤2 分钟。（给出 8 分钟的讨论时间，然后再来 PK）

第二轮开始，以上规则继续生效，新的规则增加：第一轮所有方法不能再使用。不能传递和扔任何物品。第二轮时间≤1 分钟。（给出 7 分钟的讨论时间，然后再来 PK）

第三轮开始，以上规则继续生效，新的规则增加：第一轮、第二轮所有方法不能再使用。第三轮时间≤40 秒。（给出 6 分钟的讨论时间，然后再来 PK）

第四轮开始，以上规则继续生效，新的规则增加：前三轮所有方法都不能再使用。屁股不可以离开地面。第四轮时间≤20 秒。（给出 5 分钟的讨论时

间,然后回来 PK)

活动分享

小组"合作学习、讨论学习"成功的要诀:(1)学力不同的四人、男女混编组合最适合平等倾听关系。(2)学生"心愤口悱"时是实施小组"讨论学习"的最好时机。(3)学生懒散、闲谈的状态是结束"合作学习、讨论学习"的指令。(4)教师责任:让学生一个不漏地参与"讨论",特别关照不能参与小组"讨论学习"的学生。一句话,活动教学是根据学生的学习节奏来进行的。

我爱班集体
——排队:养成习惯之初

李 刚

活动目的

养成习惯完全不必"制造良好的习惯"或"复制良好的习惯"。顺孩子们自然生长的需求,营造一种氛围,创造一种环境,才是圣陶先生提倡的"养成"教育。

活动过程

活动前:各班将灯、窗、门、电扇全部打开。

活动规则:学生安静、快速、有序地离开自己的座位到走廊上排序,排成男、女两队(1、2班面向东,3、4班面向西),由矮到高排列,前后门都可以利用。

活动要求:安静、快速、有序,关掉所有电器,关紧门窗(窗户的保险扣上),将凳子放到课桌下面,以最后一名同学归队的时间为全班的排队时间。

活动感悟

学生感悟

学生A：虽然我们输了，但我们变得更团结、更友好。一人好，不代表班级好。如果人人都好，班级肯定好。

学生B：我体会到团队与个人之间密不可分的关系。只有团体成员协调配合，才能取得游戏胜利。即使一两个同学影响了成绩，以致最终没有夺冠，也不能把责任全推向他们，要激励他们、帮助他们、鼓励他们，争取下一次活动进步。

同学C：我人不高，所以关不了窗户，我后面的男生却帮助我关了窗户，这不就是一种互帮互助、团结友爱的同学情吗？

教师感悟

动车组列车的速度为什么比一般的火车快，因为它每一节都有向前的动力。班级同样如此。若每个同学都做到了最好，班级就会最好。

这样复习最有趣

——猜词游戏

邢奇志

活动目的

学习就是一场游戏,关键是掌握游戏的程序,而不是游戏的内容,这样才能让学生真正做到"学会学习",即从教师的教中体悟、提炼出自己的学习方法。

活动推荐

本活动在班级期中考试前试过,效果不错。学生们为了"赢",会对相关课文上的"词"进行准备——这相当于进入自主复习的程序。

活动形式:将班级成员分成6个小组。

活动时间:15~20分钟(班级人数决定时间长短)。

活动材料:六项写有语文(历史、政治亦可)生词的高帽。

活动适用:最适用于考试前的紧张复习阶段,有助于学生放松心情。

活动目标

训练学生熟练使用封闭式问题的能力,利用所获取的信息缩小范围,从而达到最终目的。该训练让学生在寻求 YES 答案的过程中练习如何组织问题及分析所得到的信息。

活动过程

1. 在教室前面摆六把椅子。
2. 每组选一名代表为"词"代表人坐在椅子上,面对小组的成员们。
3. 班长给坐在椅子上的每位"词"代表人戴上写有"词"的高帽。
4. 每组的组员中只有坐在椅子上的人不知道自己是什么"生词",其他人员都知道,但谁都不能直接说出来。
5. 猜词游戏开始。从1号"词"代表人开始,他必须问封闭式的问题,如"我是……吗?"如果小组成员回答"YES",他就可以继续提问;如果小组成员回答"NO",他就失去机会,轮到 2 号"词"代表人发问。以此类推。

6. 先猜出自己是什么"词"的代表人所在的小组获胜。

活动感悟

你认为哪一位代表人的提问最有逻辑性？如果你是代表人,你会怎样改进提问的方法？

团队活动"串串烧"

——班级团队建设系列"微活动"

李 刚

活动背景

古人有句话:"人心齐,泰山移",也就是现在我们常说的"团结就是力量",这些都是团队精神的体现。我们所处的时代是一个需要团队精神的时代。学校就是一个大的团队,在很多方面都需要团队精神。同学们之间的和谐相处、班级间的协同合作,运动会上的勇猛拼搏,无一不需要具备这种团队精神。没有团队精神的集体就像一盘散沙,没有凝聚力,即使用力攥在手里也会一点点儿从指缝中滑落。但是,如果在沙子中加入水,沙子就会变湿,聚成一块,捏起来也不会散落。团队精神对于一个集体来说,就如同水对于沙子一样重要,可以起到黏合剂的作用,使集体中的每一员都能紧紧地团结在一起。有了团队精神的集体才会有凝聚力,也才更加有竞争力。

团队精神是从生活和教育中不断培养出来的。中学生生活在班集体和社会的双重熔炉中,尽早将团队精神注入他们的心灵,无论对他们个人还是对集体、社会都会大有益处。

系列一 破冰

活动1:学生相互介绍

活动目的

让学生增加熟悉感。

活动过程

1. 所有的学生都站立。
2. 在1分钟内,每位学生都与其他学生握手,同时说:"早上好(或下午好),我叫×××,见到你很高兴。"
3. 在1分钟内握手的人数越多越好。
4. 学生必须说完要求的话后才能与下一位同学握手。

活动2：记住彼此的名字

活动目的

帮助学生记住彼此的名字。

活动道具

每个小组三个网球，或是三个比较软的小球。

活动过程

人数不限。人数较多时，需要将学生划分成若干个由15～20个人组成的小组。

1. 选一块宽阔平整的游戏场地。
2. 学生以小组为单位站成一圈。相邻两人之间相距约一臂长。
3. 第一个人喊出自己的名字，然后将手中的球传给自己左边的人。接到传球的人也要喊出自己的名字，然后再把球传给自己左边的人。以此类推，直到球又重新回到第一个人的手中。
4. 第一个人重新拿到球后，告诉大家要改变游戏规则了：接到球的人必须喊出另一个人的名字，然后把球扔给此人。
5. 几分钟后，每个学生都能记住大多数小组成员的名字。这时，增加一只球，让两个球同时被扔来扔去，游戏规则不变。
6. 在游戏接近尾声的时候，再把第三只球加进来，其主要目的是让游戏更加热闹有趣。
7. 游戏结束后，在解散小组之前，邀请一个志愿者在小组内走一圈，报出每个人的名字。

注意：扔球的时候不可用力过猛。

活动拓展

1. 如果几个小组同时在玩这个游戏，可以让不同的小组在游戏中交换一半队员。
2. 学生可以随心所欲地更换小组。被新小组接纳的唯一条件是新成员在站好位置后喊出自己的名字，以便其他人扔球给他。

活动3：叠罗汉

活动目的

让学生增加对彼此的认识。

活动过程

1. 大家围圈而坐,班长(1号)报上自己的姓名,然后其右边的组员(2号)也报上自己的姓名,接着复述1号的姓名。

2. 3号报上自己的姓名后,再复述2号及1号的姓名。以此类推,可以按顺时针方向进行,也可以按逆时针方向进行。

3. 第2次除姓名外,还可以加上复述特长或兴趣等内容。

4. 第3次还可以加上复述其他内容,如擅长的运动等。

说明：

1. 第2次可由不同组员开始。

2. 此活动在原先互不认识的团体中进行效果更佳。

3. 活动结束后,可将与彼此有关的兴趣、特征等归类与配对,也可以进行讨论。

活动4：1块钱、2块钱(抱团取暖)

活动目的

能很快使互不熟悉的同学在游戏中彼此熟悉起来,培养团队精神。

活动过程

1. 班主任根据男女学生的比例进行分配。如果男生的人数远远多于女生,女生就当"2块钱",男生则是"1块钱";如果女生的人数远远多于男生,女生就当"1块钱",男生则是"2块钱"。

2. 班主任随意说出一个钱数,所有学生自由组成相应的数字。比如,班主任喊"7块钱",学生就组成若干个小组,每个小组里所有人的面值加起来应该是7块钱。没有组成小组的学生将被淘汰。

3. 剩下的人继续按要求组合,直到剩4~5人为止。游戏结束时可以给剩下的人颁发奖品。

活动5：比长短

活动目的

让同学们互相熟悉,打破同学间的拘谨气氛。

活动过程

每队派出一人比长短。

1. 至少分成两组,每组五人以上。
2. 每次每组派出一名同学。等被派出的人都确定后,主持人再说要比的具体内容。
3. 计算每次比的结果即可。

题目例子：

比长：比手臂,比上衣,比头发……

比短：比手指头,比裤子或裙子……

比高：比声调,比手抬起来的高度……

比大：比眼睛,比手掌……

比多：比身上饰物,比穿的衣服,比身上的扣子……

游戏结束后,班主任一定要因势利导,与学生一起分享心得,总结游戏给大家带来的启发,不可单纯为了游戏而游戏。

系列二　再次认识,加深对彼此的印象

活动6：猜个性

活动步骤

学生坐在座位上。游戏前,每人在小纸条上写下以下内容：

我最喜欢的人：

我最喜欢的课：

我最喜欢的运动：

我最喜欢的花：

我的理想是：

我的优点是：

我的缺点是：

然后写上自己的姓名交给老师。游戏时,教师从中任意抽取一张纸条念给大家听,然后让大家猜写纸条的人是谁。猜中者,给该学生所在的组记 1 分。然后又念一张让大家猜,以此类推。最后积分最多的一组获胜。

说明:

1. 写纸条的人不许告诉别人。
2. 自己的个性要写得真实。

活动7:我是谁

活动规则

每人在卡片的一面写上自己的名字,在另一面画上各种有创意的图画来描述自己,可以是自己的画像,也可以是自己的爱好等。先找一名志愿者上来抽取一张卡片并猜是谁,再说明理由。结束后,这张卡片的主人站出来,澄清、纠正或补充刚才那人对他的介绍,然后选一个形容词加在自己名字的面前,接着抽下一张卡片……

活动道具

小卡片 10 张,铅笔 10 支。

活动分享

为什么我们一提到自我介绍总是离不开这些"实际情况"呢?
当你通过其他方法来介绍自己时,是不是感觉轻松而愉快?
你发现了什么更有意思的事情?
你如何利用自身特点帮助你的学习?

学做时间的主人

袁婷婷

活动目的

学习是一项复杂的脑力劳动。学习的效果要受到多种因素的制约,而时间管理是影响学习效果的一个重要因素。本活动的目的是让学生意识到时间的珍贵,懂得充分利用时间、节约时间、管理时间,从而提高学习效率。

1. 时钟扮演:使学生意识到时间是由每分每秒组成的,正视时间的流逝。
2. 一分钟价值:修正学生的时间观念,让学生懂得要珍惜每一分每一秒。
3. 撕纸条:使学生反思自己有没有很好地管理时间。
4. 杯子实验:让学生从实验中懂得如何管理自己的时间。
5. 画"时间饼图":让学生学会科学合理地安排自己一天或一周的时间。

活动用具

1. 每人一条 2 厘米宽、48 厘米长的纸条。
2. 每人一张印有圆形图案的白纸、一支笔、一把直尺。
3. 大透明塑料杯三个,小石子若干,细沙若干。

活动过程

1. 导入:课前播放歌曲《时间都去哪儿了》,让学生谈谈听这首歌的感受。(不要事后懊悔、感叹"时间都去哪儿了",珍惜眼前的时间,做自己时间的主人)

2. 热身游戏:时钟扮演。学生直接用手臂比画老师说的时间,一只手臂为"时针",另一只手臂为"分针"。

老师点拨:时间是由一分一秒组成的,不知不觉中时间在悄悄地从我们身边溜走。(现场计算这个游戏玩了几分钟)

3. 一分钟价值:静趴在桌子上体会一分钟,同时想一分钟能够做什么?让学生尽情说。再布置一分钟任务:如背一首诗歌或一段文字。

老师点拨:人的生命就是由很多个一分钟构成的,每一分每一秒都要珍惜。

4. 撕纸条:说明纸条代表的是周一到周五的每天 24 小时(在纸条上写某

某的一天)。然后让学生按以下步骤操作:

(1) 睡觉用了多少时间,把它撕去。(从后往前撕,并在撕去的纸上写明事由)

(2) 一日三餐用了多少时间,把它撕去。(从后往前撕,并在撕去的纸上写明事由)

(3) 来返学校用了多少时间,把它撕去。(从后往前撕,并在撕去的纸上写明事由)

(4) 一天体育锻炼用了多少时间,把它撕去。(从后往前撕,并在撕去的纸上写明事由)

(5) 看电视、玩电脑、玩手机等用了多少时间,把它撕去。(从后往前撕,并在撕去的纸上写明事由)

(6) 聊天、发呆等用了多少时间,把它撕去。(从后往前撕,并在撕去的纸上写明事由)

(7) 做除学习以外的事情用了多少时间,把它撕去。(从后往前撕,并在撕去的纸上写明事由)

让学生高举撕剩下的纸条。选取三个典型学生的纸条进行展示,问问学生是怎么安排自己的时间的。

有些学生对自己撕去的时间感到懊悔。这时老师给学生一粒"后悔药",告诉学生可以把撕去的部分贴回去。同样选取三个典型学生的纸条进行展示,问问学生把什么补回去了,理由是什么。

请学生谈谈撕纸条的感受。老师点拨:时钟对每个人来说,走的速度都是一样的。聪明的人会抓紧时间多干事,那么怎样才能合理安排时间呢?

5. 杯子实验:

(1) 拿一个空的一次性透明塑料杯(杯子空间代表除了休息时间外所有的时间)。

(2) 在杯子中放入小石块,直到装不下为止(代表已经把主要时间投入学习中了)。

(3) 在杯子中再放入沙子(代表看得见的、流走的时间,如吃饭、锻炼、看电视、玩电脑、玩手机等的时间)。

请学生谈实验后的感受。

让学生把实验步骤改变一下。使用一样多的沙子和石子,先装沙子,再装石子。

学生发现先装了沙子,再装石子时,有些石子装不下了。

老师点拨:合理安排时间,先做主要的事情(即学习),再在条件允许的情况下做自己喜欢的事(体育运动、电视等),当然也要保证充足的睡眠。

6. 画"时间饼图":

请学生拿出一张印有圆形图案的纸,对自己的一天(正常上学)进行安排。可以用线条对圆形图案进行分割,也可以用彩笔涂出不同的色块,并为每一部分注明用途。

活动感悟

学生交流,老师适当点评。

学生大声宣誓:从现在开始,掌控自己的时间,认真地过每一分钟,做自己时间的主人!

我的课间我做主

——享受趣味大课间的快乐

周 源

活动背景

现代的孩子欠缺的是合作的快乐。他们或许能够在手机、电脑上战胜虚拟的玩家,但面对小伙伴们,更需要在一些传统和创新的游戏上找寻团结协作带来的快乐。因此,我校通过向家长、老师、学生征集传统游戏、创新游戏,经过科学的整理,形成了一套学校自己的校本教材《活力游戏我做主》,并在课间向学生全面推广。

活动目的

1. 在每天的课间十分钟内,开展有趣的课间游戏活动,让学生享受童年游戏带给他们的快乐。

2. 开展课间活力游戏,帮助学生缓解学习上的疲劳,调节状态和情绪,提高学习效率。

3. 通过丰富多彩的游戏,加深学生之间团结协作、互助互爱的情谊,培养学生的合作力与创造力。

活动形式

1. 利用课余时间,中队辅导员可挑选适合学生的两三个游戏,让学生体验实践。

2. 游戏可分为室内游戏、室外游戏等。

3. 学校在实行活力游戏一个月后,开展文明大课间评比活动。并对文明大课间开展得有序、有趣、师生共同参与的班级授予"微活动先锋班"的光荣称号。

活动过程

主持人:队员们,这次队活动的主题是"我的课间我做主——趣味大课间"。课间十分钟,时间是短暂的,但我们应该把它充分地利用起来,开展内容丰富的课间游戏,使我们紧张的大脑得到适当的休息,同时活跃我们的学习气氛,增进同学之间的友谊。通过这次主题队会,希望队员们学会更多好玩的游戏,使我们的课间过得更加平安和快乐。下面我宣布××中队"我的课间我做主——趣味大课间"主题队会现在开始。(队仪式)

系列一　室内活动我最行

活动名称:"东南西北"

活动方法

先在折好的纸上(外部)标上东、南、西、北,再在内部写一些刚学过的英语单词,一个同学问另一个同学要哪一方,另一个同学就要认出那一方的词语,认对的算赢,否则算输。选方向之前要念歌谣:"上北下南,左西右东,南北西东,看你懂不懂?"

活动名称:"嗡嗡"叫的7 活动准备

这个活动非常适合学生练数数,此外,它还能很好地训练学生的注意力。

活动方法

第一个人说"1",下一个人说"2",再下一个人说"3",以此类推,当说到"7"和含有"7"的数字时,玩家必须用"嗡嗡"代替,直至数到100。任何忘了说"嗡嗡"或者犹豫5秒的人就被淘汰,最后留下来的人就是赢家。

品质培养:思维力。

活动名称:照镜子

活动方法

两名学生前后(或左右)相对而坐(或立)。一人在下肢不动的前提下,做单(双)手上举、前平举、侧平举、抓耳、抓鼻、指嘴等动作。另一人像照镜子一样照着做,做错即为失败。两人互换角色,继续进行。

游戏中双方下肢均不得离地或挪动,全身均不得碰到桌凳弄出声音,否则扣一分。

品质培养:观察力。

系列二 课间活动我来教

活动名称：桃花朵朵开

活动方法

只要十个人以上参加人员手拉手围成一圈，中间再站着一个人就可以了。

中间站着的一个人说："桃花朵朵开，现在开几朵？"中间站的人说开几朵就几个人抱在一起。

中间站的人要根据人数来安排，如场上十人，就开单数朵，依次逐步淘汰。最后有两名胜利者。

品质培养：合作力、反应能力。

活动名称：蹲蹲游戏

活动方法

安排4~5人参与。老师把要记忆的词语分给学生，每一个学生代表一个词语。这些词语的类别是多种多样的，如水果类、蔬菜类、动物类等。学生可以自选一个词语。

如老师说"白菜蹲，白菜蹲，白菜蹲完，西瓜蹲"，此时代表西瓜的同学站起来说"西瓜蹲，西瓜蹲，西瓜蹲完，黄瓜蹲"。以此类推。

说错的同学要表演节目，可以唱歌、学小动物叫等。

品质培养：思维力、勇敢。

活动名称：拉网捕鱼

活动方法

将参加活动的学生分成人数相等的两队，双方猜拳确定"渔民"和"鱼"的角色。"渔民"必须3人或3人以上结网捕"鱼"，"鱼"在规定的场地内自由跑动，"鱼筐"设在场地内一角，被捕的"鱼"在"鱼筐"内不能跑走。在规定的时间内捕到的"鱼"最多的一队获胜。获胜的一方可要求失败的一方表演一个节目。

活动规则

1. 只准结网捕"鱼"，不准抓"鱼"。
2. "鱼"游到场外算作被"渔民"捕到，由"渔民"捉到"鱼筐"内。

3. 单个或两个"渔民"抓"鱼"时,"鱼"可以拒捕,告诉裁判不计数。

4. 未捕到的"鱼"可以营救被捉到的"鱼"(双方拍一下手即可)。

品质培养:发展学生快速奔跑和协调配合及躲闪的能力,提高学生的心肺功能,培养小组成员的团结协作精神。

活动名称:拷贝不走样

活动方法

六人一组,排成一排,第一个人能看到题目,其余人都背对第一个人。第一个人对第二个人做几个动作,第二个人照样子对第三个人做这几个动作,以此类推。

后面一个人只能看前面一个人的动作。若最后一个人做对,该组就获胜。做对的一组得到奖励,做错的接受惩罚。

品质培养:观察力、模仿力。

活动总结

主持人:队员们,通过这节队课,我们学会了很多好玩的游戏。课间文明活动,既能避免同学间不必要的冲突和摩擦,还能开发智力,增进伙伴间的团结。希望队员们都能积极地参与到文明活动中,真正做到"我的课间我做主"。

出智慧

"微活动"让教育更有趣

"悟"出智慧

真实的自己

邢奇志

无论我们受过什么样的训练,无论我们教育的技巧多么纯熟,无论我们身在什么地方、身处什么位置,我们自己都是我们生命中最重要的产品。

请记住,你能提供的最有价值的礼物就是你自己。

达到你所设定的目标不仅需要专业知识或者专业技巧,还需要人际交往。

人际交往的核心是什么?核心就是你是谁。人际交往从你开始。

如果你刻意成为另一个人,或者装出别人教你的样子,你就不可能真正地接近别人。你能给予别人最有价值的东西就是你自己。成功人际交往的技巧就是真实、真诚。

教师的生活是完整的、自然的"人"的生活。教师成功的秘密就是付出,取得收获的秘诀也是付出。而付出的秘密就是让自己勇于接纳收获。

第六篇
感悟智慧

　　大部分教师都秉承中国人在情感问题上的矜持、谨慎,表达的偏好是内敛地声扬、低调地铺张。

　　师爱是一种"隐性武器",最好让它静悄悄地、润物无声地发挥作用。小爱多彩,大爱无痕。成就学生,也会成就自己,在学生成长的过程中享受"多彩"小爱的回报,积淀"无痕"大爱,这是最重要、最稀缺的文化资源。

放慢教育的脚步

张 磊

曾几何时我们的教育也像赶路一样,急功近利、急于求成。无论是教师,还是学生,都好像匆匆赶路的旅人,眼中只有目的地,旅途中那优美的风景却被错过了。

在进行"微活动"的过程中我常常反思这几个问题:怎样看待学生?怎样看待自己?怎样看待自己的职业?通过不断地活动实践,我觉得需要慢慢地体会成长的幸福、教师的幸福和教育的幸福。

教育的实质和教育的美好已经被现在这个高速又充满功利色彩的社会改变。所以,为了享受教育,感受教育的实质和美好,我们都应放慢脚步,用心感受教育。

学生是需要"慢教育"的。要让他们在接受教育的过程中,有自己的感悟和发现,享受学习的快乐。只有慢,这种感悟和发现才有可能。新课改强调教育目标要分为三个层面:知识与技能、过程与方法、情感态度与价值观。但是这三个层面的目标只有在"慢教育"的基础上才有实现的可能。要实现学生的全面发展,只有放慢教育的脚步,让学生成为自己学习的主人,让他们在知识与技能、过程与方法、情感态度与价值观等方面都有所感悟、有所发现。

教师是需要"慢教育"的。教育是一个与学生接触、交流、沟通的过程,需要教师真正感受学生的心灵世界,走进他们的心灵。这一切,非慢不可能达到。教师在教育过程中要放慢脚步,用心聆听学生的真实想法。面对学生的感悟和发现,除了表扬外,还要多问一个为什么,这样可以让更多的学生学会思考的方法。面对学生的错误,在压制自己的愤怒的同时,要多问一个为什么,这样可以了解孩子犯错的原因。

有这么一个故事:一位妈妈带着她可爱的儿子到外面玩。后来儿子渴了,妈妈就买来两根冰棍,本想一根给儿子,另一根留给自己。谁知儿子一点儿也不客气,拿着两根冰棍津津有味地舔了起来。这时妈妈很不高兴,心想:这孩子真不懂事!正想批评几句,可又觉得不妥,便温柔地问道:"孩子,你为什么要把两根冰棍都舔一下呢?"孩子说道:"我先尝一尝,然后把味道好的这根给妈妈吃!"孩子的心灵和想法是最单纯美好的。可是过快的教育让我们忽略了孩子的想法,只能匆匆关注表面,对于真实的内在无暇顾及。

社会是需要"慢教育"的。看到过这样一则报道:西方一些国家正悄然流行一种"慢生活"——慢慢说话、慢慢吃饭、慢慢走路、慢慢读书。在现代社会中,生活的节奏是快的,成人的压力是大的,但这不能成为我们加快教育脚步的理由。教育是一项"慢工程",来不得半点急躁和马虎,否则,它必将给整个国家和社会带来不利的影响。

  放慢脚步吧,力求达到以慢求快、以慢求实效、以慢促发展!放慢脚步吧,步步踩实,步步为营,风景才会更加迷人,精彩才会如期而至!放慢脚步吧,用心感受教育,做一个实现"慢教育"、享受"慢教育"的现代教育工作者!

感恩"叶微行动"

陈星旋

转眼间,参加"邢奇志名优班主任工作室"已经三年了。

依然清晰记得当初九个名优班主任上台自我介绍和介绍工作室的时候,我就被邢老师活泼生动的性格和激情务实的工作态度吸引了。

很幸运,我在这样的团队中。和以往严谨规矩的氛围不一样,这支团队拥有的更多的是清新自由的气氛。

邢老师总是将每一次活动考虑得很周全,保证学生们易操作、有收获。最主要的一部分是每次活动过后的交流。大家听了别人的活动介绍后又学习到了许多创意,下次就可以试行别人的活动方案。我当时就和我的学生们一起到操场进行了"人椅长城",它考验的是同学之间的信任。还有"12人拖把写字",它需要的是同学之间的默契协作。在邢老师的带领下,来自各个学校的班主任都变得活泼起来,积极开动自己的脑筋,发挥自己的创意。

除此之外,邢老师还把我们的活动创意编成了一本书送给每个小伙伴。书中的活动案例简直成了以后班会活动的制胜法宝。这是一本智慧的书,由慧生慧,让我们思想的火花更灵动跳跃。

真心喜欢这样上进的团队、这样睿智的老师、这样勤奋的伙伴。我收获满满。

用专注消弭倦怠

张皙钰

记得参加工作室后第一次碰头会上,大家交流讨论了一个话题:我为什么来参加这个工作室。当时我说:"我来是为了治疗生活倦怠的,不求志存高远,只望活在当下。"

时隔两年再次肩负班主任工作。在班级管理中,我学着开设了一个"微活动"——每日一感:每天放学前,利用五分钟时间,让学生回忆一天的学习和生活,并写下一两句话。可以是感动,也可以是触痛,还可以是一句想说却开不了口的话。我把这些整理出来,在匿名后,选取部分汇编成班报,打印了贴在教室的学习园地里。

文字有股奇异的力量。孩子们的简单快乐带给了我明媚的心境,我也给他们传递着正面信息。我开始用学生的口吻编造一些"感悟"。我写道:"死党放学来问我借物理汇编,我义正词严地说'抄作业抄不来好成绩'。其实我不是不愿意借给他,而是我下课吹牛说写完了。我根本借不出来,真懊糟。"快放学了,我装出不经意的样子,随意说出这一则消息,还感慨了一下,表示真的很想安慰安慰那颗懊糟的心。

果不其然,那天大部分学生都围绕着这个话题讨论起来。有人安慰道:"没事儿,说不定这次没抄成,这回期中考试能多考几分,超过你呢!哈哈。"也有的说:"死党嘛,直说好了哇,藏着掖着,害人害己。"我也掺和了一下,写下"下回不想借的时候,就说还没写完呢"。这次班报,俨然成了一次很好的思想教育。没有鲜明的主题,却达到了教育的目的。

经过这几年的探索和学习,我发现班级工作不那么琐碎烦人,班会课的素材也不会像从前一般枯竭得让人煎熬了。我带着学生游了一次"七里山塘",吃了回豆腐花;秋天踏了一路落叶,制了秋叶图。我把学生的落叶作品带回家给女儿摆弄。女儿在幼儿园里得到了老师的贴纸奖励,过程和结果都让人欢天喜地。

生活不可能贫瘠到没有心流。只要专注于眼前的事物,哪怕是一隅街景、一碗豆花、一片残叶,生活就不会有倦怠。

"第一次"相逢,准备好了吗?

赵瑞莹

作为资深班主任,中途接别人的班级是常有的事。

其实,只要留意8个"第一次"就可以顺利对接。

第一次深度谈话

未雨绸缪。和原班主任来一次非诚勿扰的深度谈话。这次有效的谈话可以起到事半功倍的效果。一是做好接手新班学生工作的准备,听原班主任如数家珍的叙述,加上自己的想象,勾勒一幅班级学生的"风貌图"。二是侧面了解未来搭班教师的"脾性情意",为未来与任课教师的沟通交往做好充足的精神准备。

第一次友善会面

良好的开始是成功的一半。第一印象是打开交往大门的一把无形的钥匙。和学生的第一次见面,其实就是一次心灵的对话。

其实新学期开始,每个学生心里都会有一种期待,哪怕是那些成绩很差、习惯很差的所谓"双差生",换一个新班主任的时候,他们也会对新的学期充满了期待。第一次见面,友善的微笑是拉近距离的最好武器。如果有可能,请成绩差的学生给你帮一个忙,比如取一些东西或帮助介绍一下班里的同学,这样会让他们觉得你很器重他。在第一堂见面课上,班主任更应适当地包装自己。服装的穿着要简洁、大方而不失时尚,最好能体现出自己职业的特征;课上行为举止要得当,用自己的人格魅力去赢得学生的喜欢。班主任自我介绍不仅要富有新意、不落俗套、语言简练,还要表露真情。表露对学生的真情,将使学生感受到温暖。介绍的尾声应描绘一幅幅希望蓝图,其振奋人心的作用不言而喻。在课上我是这样说的:"我非常认真地了解了同学们的情况,我惊喜地发现,在我班学生中,有体育健将,有艺术人才。我想,有这么好的基础,通过大家的努力,我们一定能把我们的班级建设成先进班级。虽然我们班还有许多方面不尽如人意,但是我们要坚信:只要有付出就一定会有收获。为了班级的明天,我们团结起来共创美好未来吧!"这最后几句描绘蓝图的话语势必给了学生无穷的动力。

第一次专业对话

上好第一堂课,其实是与学生进行的一次专业对话。学生很清楚自己是来学习的,因此最看重的还是教师的专业技能、学科教学。无论是班主任还是普通的任课老师,最终都要回归课堂。如果一个老师不能很好地把握课堂,那么即使他具备了再强的德育能力,效果也要大打折扣。倘若一个中途接班的老师,能够非常好地把握课堂,学生就会因为喜欢上他的课而喜欢他这个人,而在这个时候进行德育教育,效果是不言而喻的,至少学生会很信服他,很听他的话。

第一次民主选举

中途接班,选好第一轮班干部很重要。为了让那些在同学中真正有威信的学生出来做工作,我除了在原班主任那掌握骨干分子的情况外,还在选举之前对学生做了一次亲切的正面引导。我利用不同的时间,把我的带班理想、带班理念尽可能地传达给学生,让他们对未来美好的班级充满向往。然后尽可能地组织学生们民主选举,让每一个孩子都参与到选举中,这样选举出来的干部才能顺利地开展工作。班干部选好之后,让他们进行集体宣誓是一个不错的选择。宣誓时的气氛越庄严,越能够打动其他学生,越能够激发新班委的工作积极性。

第一次智慧挑战

新班主任接班之后,总有学生想试探,也总有学生在观望,看看新班主任究竟有什么能耐可以把他们降服,这个就是教育的契机。没多久,问题就来了,有学生被发现在课上用手机看小说。我是这么处理的:第一步,请他到办公室,没在教室里批评他让他有些诧异;第二步,问他手机的"来历";第三步,请他自己分析家长给他手机的原因;第四步,和他一起总结出手机其实是代表父母对他的爱和希望他好好学习的奖励,他却用手机辜负了父母和老师对他的期待。此时我看到了他眼中的微红,我的目的达到了。学生上课玩手机其实是老师一定会遇上的问题,所以我抓住契机开了个简短班会,让每小组讨论3个问题:① 父母为什么让我们带手机;② 到校后我们应如何处理手机;③ 在课上玩手机或手机有声音发出应如何处罚。小组总结后,由这个学生整理成规定,让每个同学签字后贴在墙上。这次事情后,学生接受了我处理问题的方式,更清楚了我对他们的严格要求和关怀。

第一次活动展示

接班之后,学校第一次大型的活动是我表现的好机会。运动会时,为了展现我们班新的面貌,我配置了统一的班服,并让学生练习了统一的队形和口号。我知道,任何一次集体比赛活动都是激发孩子们集体荣誉感、班级责任感和个人使命感的最好机会,我得紧紧抓住。付出总会有回报,当得到好评时,许多孩子流出了激动的泪水。我知道,通过这样一次活动,孩子们已经和我融为一体了。

第一次学业考验

我接任何一个班级后,总在开学初严格要求,因为我知道,开始没有抓紧,以后就难以控制。因此,接班时,准备好第一次全校性大型考试如月考、期中考就很重要了。这既是提高班级凝聚力的好机会,也是增强学生信心、向家长证明我们一直在进步的好机会。在考试之前我除了不断给学生鼓励之外,还告诉他们一些小技巧,如学会重点复习、考前如何做醒脑动作等。果然,第一次月考,我们班平均成绩就比原来提升了两个名次,而且第一次有好几名学生考入了全校前二十名。成绩公布时,我们举班欢庆。

第一次家长会面

学生的进步要让家长看得见,这样对鼓舞孩子继续努力有着积极意义。第一次月考前,我就在筹划第一次家长会。那时我的想法很悲壮,不管考试结果怎么样,我都得向家长汇报。没有想到考试结果比预想的要好。于是,我马上抓住机会,组织开了第一次家长会。会上,我自制了课件:① 介绍了一些家长可以帮助孩子提高学习成绩及养成良好学习习惯的方法;② 隆重介绍了自己及任课教师,适当地展示自己的成绩及教学理念,增强家长对班主任的信服感;③ 介绍班级的具体安排及班主任的有关要求,希望家长配合;④ 介绍任课教师每门课的要求;⑤ 针对初二孩子的心理情况,给家长一些指导,给家长看了一个配乐欣赏视频《只有你懂得欣赏我》。不少家长看后流出了激动的热泪。从此以后,家长对我很信任,我感到很欣慰。

大多数学生和家长对教师的工作还是看在眼里、记在心头的。因为你的付出,学生得到了关爱;因为你的投入,学生获得了进步;因为你的投入,家长对你满意。只要认真负责,你就一定会成为一名家长理解、学生喜欢的成功的接班班主任。

如何让孩子感受到你的爱

朱 宏

教育的宗旨是什么？我想这是每一个老师首先要面对的一个重要的问题。我的答案是：把每一个学生都培养成对社会有贡献的人！现在的孩子不缺少主见、不缺乏能力，但为什么那么多既有主见又有能力的孩子成为后进生、学困生，我想既有家庭的原因，又有老师的原因。

每一个孩子都知道老师对他严格要求是为他好，都知道老师让他专心听课是为他好，都知道老师盯着他背书、默写、订正是为他好……这样的例子很多很多。那为什么你为他好，他却丝毫不领情，仍然我行我素，甚至变本加厉呢？我想，主要的原因是孩子没有感受到你对他的爱。

一个毫无爱心，只注重"教知识""完成任务"的老师，是很难做一名合格的老师的；一个不尊重学生人格，任意对学生"使性子""发脾气"的人是不配做老师的。要让学生轻松愉快地学习，就得让学生感受到老师对他的爱。"亲其师，信其道"是千年的古训，也是浅显的道理。因此，心中充满对学生的爱，才是现在师德的最基本表现。我想，具体可以从以下四个方面来谈谈。

爱是一种理解

当你的学生早上迟到的时候，你的第一反应是当着全班同学的面忙着训斥，将其拒之门外，或者对学生冷冰冰地说"今天你怎么迟到了"，还是对学生说"别急，先坐下来吧，有事等会来告诉老师"。如果老师采取的是第一种做法，倘若学生迟到确实是有特殊的原因，老师不分青红皂白就批评学生，学生心里就会觉得委屈不平，肯定会影响上课听讲的情绪，还可能会对老师产生逆反的心理。相反地，如果老师采取的是第二种做法，先让学生入座听课，下课后再了解迟到的具体原因，倘若确实是因为堵车、修车等突发情况，那就没有批评的道理，如果迟到是因为贪睡，那再进行批评教育，效果就好得多了，学生也能接受，更好地认识到自己的错误，与老师也能更加亲近。

理解不光是赞同，它还是一种设身处地的将心比心，是一种满怀宽容的尊重。学生年龄小，犯错也在所难免，老师应用发展的眼光去看待学生，加强与学生的沟通，平等地交心，帮助他们找到犯错误的原因，并帮助他们找到改正错误的办法。

爱是一种倾听

教育家卡耐基说："做个听众往往比做个演讲者更重要。专心听孩子讲话,是我们给予他的最大尊重、呵护和赞美。"了解学生最简便、直接、有效的方法就是倾听学生的心声。学生情绪低落、有心事时,学生考试受打击、状态低迷时,学生反常出现违纪时,先别忙着批评指责,应让学生自己先说一说心里的想法,再分析一下具体的经过和原因,之后引导学生进行反思。很多时候,学生的行为都有他自己认同的理由。很多学生内心都想做好,希望得到表扬,只是有时想法过于简单,没有充分考虑后果。如果老师能静下心来耐心地倾听他们的声音,他们会觉得老师很信任和尊重他们,也容易接受老师的观点。

当然,也不是每个学生都愿意主动与老师说心里话,所以我们不能把自己置于高高在上的位置,让学生望而生畏,而是应该放下老师的架子,融入学生之中,做他们的朋友,让他们感受到你对他们的关爱和尊重。获得学生的信任,他们才会向你敞开心扉。

爱是一种公平

何为公平?公平即公正,不偏不倚。天平在度量物体重量的时候都得左右摇摆,更别说老师面对一个个活生生的孩子了。我们也曾讨论过"公平"这一问题,得到的一致结论是:没有绝对的公平,只有相对的公平。

这一结论毫无疑问,无论放在哪里,都是正确的。我想说的是,在说公平之前,我们得充分认识一个学生的家庭。只有真正接触学生的家庭,接触学生的成长环境,才能更好地了解他的所思所想,根据学生的不同特点,有针对性地进行教育。

作为一名青年教师,公平是我的理念,了解孩子是公平的前提。学生们都来自不同的家庭和不同的生活环境,因此他们无论在生活经历还是个性特点上都存在着一定的差异,每个人在各方面的能力也是不完全相同的。作为教师,我们不能整齐划一地去看待他们。特别是对于那些基础较差和个性怪异的孩子,我们更应该给予关怀和照顾。对于学习较吃力的孩子,我在教学中时时刻刻找机会帮助他们树立自信,鼓励他们与同学交流。对于性格怪异、调皮的孩子,我努力发现他们身上的闪光点,寻找契机对他们进行教育。无论是在学习上还是在生活上,我都尽量做到对每个学生细心地呵护和照顾,因材施教,使每个学生的能力都能得到充分的发挥,让学生感受到我对他们的爱。

爱是一种责任

唐代大文学家韩愈说过:"师者,所以传道受业解惑也。"是的,这是古人对教师这一行业职能的诠释,也是对每一位教师所提出的最基本的要求。作为教师,不仅要向学生传授知识,教会学生学会学习,还要以身示范,帮助学生树立正确的人生观、价值观,培养学生良好的思想品德和个性品质,使学生懂得做人的道理。教书育人是教师的责任但绝不能为了教书而教书。无论哪个职业都存在职业倦怠感,但教师的职业倦怠感是很危险的,因为你有可能害了一个孩子的一生。是孩子难免会犯错,是孩子想法自然不全面、不成熟,作为教师的我们就更应该去呵护、爱护这些尚未成熟却又很叛逆的孩子。因此,我时刻提醒自己不能只是完成教学任务,还要尽最大可能去帮助每一个孩子,成为他们的良师益友,让他们都能走上追逐梦想的道路!

理解是相互的,爱是相互的,如果孩子能感受到我们的爱,自然他们也会理解我们的苦心,自己努力去学习、去奋斗!师生只有在爱与爱的交融、情与情的碰撞中,才能迸发出生命的火花。

和班主任工作谈恋爱

张立人

相恋,争吵,磨合,然后是和谐相处或劳燕分飞,这些都是恋爱所要经历的过程。有人最后成就了这份幸福,也有人在寻觅真爱的路上继续前行。对我而言,班主任工作也是如此,是在用心谈一场"恋爱"。

2008年那个炎热的9月,我开始了这场"爱情"马拉松。

八年时间里,我感受过激情,体会过疲惫,产生过迷茫,想到过放弃。

与第一次谈恋爱时候的心情一样,刚做班主任时,心中充满了期待和慌张。

在大学里,我学教育学,学心理学,学学科教学,唯独没有学过一门叫作"如何成为一名班主任"的课程。然而"班主任"却又是我整个学生时代最熟悉的称呼。

面对这样一个"恋人",我只能在不断积累实战经验的道路上前行。回望最初那几年的自己,真是年轻气盛,无所畏惧。书本、电视、街头广告,任何一个画面和影像都成了我班主任工作的灵感来源。我把自己的设想化为行动,在行动中一步步摸索和修正。我的很多尝试在老班主任眼里是多么的不靠谱,也给自己制造了许多不必要的麻烦。这就是当初那份带着冲动、缺少思考的激情。但就是这种激情,让我在最初几年的班主任工作中都能保持充沛的精力。

但是激情总会消退,身心俱疲是对后来的我最好的形容。在送走第一届学生、迎来新班级时,就像换了一个恋人一般,我突然开始烦躁不安,不停将新班级与前面的班级做比较,日日感叹着学生一届不如一届。每天上班的心情不再像以前一样"阳光明媚偶尔多云",而是变得时常"阴雨连绵"。因为有了一些经验的积累,所以在班主任工作中,我开始按部就班。虽然也会想出各种新招应对学生的各种问题,但是激情不在的时候,很容易选择放弃。迷茫,哪个班主任没有迷茫过。那时的我就像被困在一个迷宫里,不知该如何前进,不知出口在何方。

我还是幸运的,就在困顿之际,我认识了一群在班主任工作中都很有见地的伙伴。大家一起探讨问题,一起制订方案,一起组织活动。一个个任务逼迫自己不断尝试、创新,我又开始充满了希望。后来由于身体原因,我暂停了一段时间的班主任工作。就像处在了恋爱的空窗期,我终于有时间静下心来审视自己。我开始问自己,要不要积攒更多的能量,为下一次"恋爱"做准备,还是就此放弃与之谈"恋爱"。此时,已经毕业的学生的出现成了一剂强心针。他们跟我一起回忆了点点滴滴,就像恋人之间回忆只有我们自己知道的故事。我忽然觉得这种感觉很不错,在工作的不经意间,我教会了我的学生生活处事的一些道理。瞬间,我决定继续学习、反省,准备踏上征途。这一次,虽然心中激情已退去,但我相信我不会再迷茫,因为我已经开始学会如何经营这份感情。

恋爱的过程本就有高潮,有低潮,最后进入平稳期。与班主任工作"谈恋爱"也是一样,要不急不躁,学会审视自己,懂得总结与学习,在过程中一步一步经营好这份特殊的情感,走得笃定而扎实。

做从小处着眼的智慧班主任

何 燕

三年来，一直跟着邢老师学习，枯燥的教育生涯得到了滋润，闭塞的教育世界得到了开拓，粗糙的精神世界变得细腻，简单的教育方式变得充满艺术、智慧和美好。每当走出那一方小小的会议室，走进人群，心里便充实起来，眼神开始柔和，脾性开始平展，五脏六腑开始吐故纳新。生活其实并不是一无是处，个人的那些坏情绪在整个绚烂的世界面前不值一提。邢老师的微型班会的启示像一盏明灯，点亮了我班主任工作的整个天地。

期待之美

班里有个女孩总不爱跟人说话，每次跟她目光对接，她便很快地滑过我的视线。她的妈妈说，这孩子跟父母说话都离得远远地，仿佛是陌生人。某个放学的晚上，我跟所有孩子都约定，离开教室时必须和我打招呼、微笑。其他孩子都做到了，唯有她，走到我跟前时，欲言又止，然后很快从我身边逃走了。

一次又一次，她都没有完成这项任务。我锲而不舍地跟她打着招呼、微笑，一次次期待她的回应。终于有一天，她走过我的身边，低低地喊了声"老师再见"。没有什么声音比这更动听的了，呆了两秒钟的我喜笑颜开，她终于迈出了艰难的一步。我告诉她，改变自我是一件了不起的事儿。

不久，我又给她专门配了个"朋友"。从此，那个形单影只的她有了个专门逗她开心的知心女孩。我想，她的生活会越来越美好吧。

爱的接力

那天，下着好大的雨。有个男孩呆呆地坐在教室，因为粗心，没带伞。他很沮丧。估计他的父母忙于工作，也没办法顾及他。我想跟他讲讲粗心的坏处，但看到教室角落里居然还有一把伞，想又是某"马大哈"忘了，便拿了递给他。看他欢呼雀跃的样子，我便把责备的话生生地咽了下去。

第二天，这个孩子把伞还了回来。天晴雨收，孩子们很快便会忘了这把伞。而这天照样有孩子忘了带笔、忘了带书，甚至忘了带这天要交的作业。

在晨会上，我表扬了那个将伞放回原位的孩子，也谢了忘记那把伞的主人。我说，孩子们，咱们做个接力游戏吧，如果你的家里有多余的伞，就请放在教室里，为那些雨天忘记带伞的同学提供方便，但有一条，借用的伞必须要放回原来的位置，我来看看谁最可靠。

陆续地，教室里多了六把伞。雨天，它们总会被借走，又会完好无损地"返回"。这些伞在班级中被称为"爱之接力"。

慢慢地,孩子们会记得自己带伞,不再借用,以便给他人提供方便。在爱的接力中,他们学会先做好自己、规划好自己。

感谢那天的雨,那个真诚的男孩,让我学会了耐心。

每个孩子都有他自己的故事和情感世界。也许你的世界他永远不懂,但他的世界我们必须得懂。从细微处寻找解决问题的入口,用温情和温暖才能解冻孩子内心的冰凌。

"邢老师是一个给了我重新认识自己的机会的人,她也是一个从来不说空话而在生活的点滴中寻找哲理的人。她不是一个天生有着极好运气的女人,但她是永远不会放弃生活、注定一生无悔的女人。"上述这段话我摘自一个博友对她的评价。我想以此来表达我对她的崇敬。

在教育这片热土上,需要刑老师这样热忱、聪慧、诚恳、创新、细腻地进行着耕耘的教育者。而我愿意追随她的脚步,虽然会有沮丧,但仍然执着地前行。

博客传情

蒋少鸿

文化不应当局限在教室里。在我们班中，最有特色的是博客文化。我在2006年就建立了一个教育博客。假期里，我每周会在博客上发一篇文章，让学生跟帖评论（有一定要求），然后我评定打分并写评语。待学生全部评论完了，我再推出我的见解文章。假期末了，我会评出最佳评论员若干，在开学给予奖励。此举调动了学生的积极性，提高了他们的阅读分析能力。

我还喜欢用这个教育博客与学生一起在上面"爬格子"。我会在上面抒写作为老师的心情感受，学生会在上面"吐槽""诉求"……慢慢地，师生的心贴得更近了。许多学生留在博客上的真挚话语成为这份情感的见证。

一年教师节，我在博客上写了一篇文章《烦恼并快乐着——记一个普通教师真实的一天》，坦诚地叙述了自己这几年教师生活的酸甜苦辣。许多学生跟帖留言，毕业的学生甚至将文章打印出来，带到高中贴到板报上。

留言举例：

"老师/当你每一次对我们讲课/当你的唾沫星子满天乱飞的时候/当你为我们生气/当你为我们开心/当你把我们当成你的孩子/当你……/我不知道该怎么说才好/我唯一能做的就是/用好成绩来报答你"

"每天看着您，似乎每时每刻脸上都挂着孩子般天真的笑容，我们总会以为您好似比其他的老师要轻松一点，好像和您的年龄相符，我们总是讨论着您的'不是'，却并不了解您的用心……身为您的学生却不知老师的辛苦，我们真的非常惭愧。在此，我祝福您教师节快乐，愿您能培养出更多的栋梁之材！"

博客可以延伸教育、延续情感……2009届的学生毕业后一个月，我满怀复杂的心情写下了离别赠言，并在博客上设立"名人堂"，希望毕业的学生能秉承班级理念和文化，在人生道路上继续披荆斩棘，不断进步。半年后，学生在网上留言：

他很严厉

但是他真的很好

我们都很想他

多想让他给我们上课

我们还是那样坐在教室里

我们还是那样听着他讲课

他还是那样坐在桌子上
他还是那样废话多
只是
那个教室不再属于我们
那个位置已经不再熟悉
上面不会再有我数学的草稿
不会有我历史默不出来时候写的小抄
考卷发下来
他不会把我一次一次拉到外面谈话
不会放学以后留下来
听他帮我分析考试成绩
模考开始前不会在一起宣誓
不会在运动会前开动员大会
不会在运动会失败以后哭泣
……
一切都成了过去式
他们成了我们
他们
也会经历我们所经历的
只是
我们
想念他
我想念他
我愿意拿我以后所有的成绩
换回我过去三年的生活
能让我再回到三年前么
那个刚刚进入十四班
刚刚面对他
刚刚试着接纳他的时候

其实文化的载体不在教室里，也不在网络上，而是在学生们的心里……

点点思雨

网络博客成了我个人教育特色的一个标本，师生沟通的一个载体：与每一个生命平等对话，与自己的生命对话。师生互爱，构建共同的精神家园，这才是精髓，这才是"大道"，这也是教育工作追求的更高层次。建立良好和谐的师生关系，与学生一道成长是我教育工作的最大收获。而网络博客成为我教育生活的"营养胶囊"，每天补充，使我的精气神越来越好，我与学生的关系也越来越融洽。

阅读,绽放生命之美

杨实新

少年时候,读书犹如囫囵吞枣,即使一知半解也感到快乐。工作很多年后发现,自己已经惰于读书了。但自从2014年参加邢奇志工作室以来,特别是2015年春天邢奇志老师回来主持工作以来,我的读书生活再次启动了。

阅读,让眼前风光无限

邢老师为我们工作室成员买书买单,然后每人读过之后,推荐给别的成员。自此我去涉猎、去选择、去推荐,也被别人的推荐吸引。我的眼界开阔了。这么多好书,每一本都闪烁着智慧和哲理的光芒,如沙海中的珍珠,尤物中的极品。它们或鞭辟入里,或声情并茂,或启迪思想,或发人深省。

在阅读中我发现,读书犹如山涧平静的流水,淙淙地从你身旁流过,在熟视无睹之间却感受到无比的惬意与舒适。一本好书就如口渴的时候掬来的一捧清冽甘甜的泉水,洗去心灵的污垢,涤荡性情中的虚妄与骄矜。读书的人是生长在人性的土壤里的松树,可以随时吸取真善美的养料,摒除假恶丑的泥沙,从而不断地超越自我,得到永恒的快乐。在读书中,每一个人都能找到自己的位置,每一个人都有所收获、有所感悟。

阅读,让生命更加坚韧

普希金曾说:"人的影响短暂而微弱,书的影响则广泛而深远。"最近,我再次读完了《假如给我三天光明》这部名著。这本闻名世界的书籍影响了一代又一代人。海伦·凯勒克服了常人无法想象的困难,完成了哈佛大学学业,以优异的成绩获得了学士学位。她始终致力于残疾人事业,四处募捐用以改善残疾人的生活环境,并为他们创造受教育的机会。她曾周游世界各地,为残疾人加油鼓劲,最终成为一名杰出的慈善家、演讲家、教育家。在她人生的大部分时光里,她都生活在黑暗中。她用她坚强的意志、乐观向上的精神,热爱阅读,坚持一生,最终使自己的生命变得充满价值。在我们的生活中,邢奇志老师是我们工作室的一面精神旗帜,她在与病魔做斗争的过程中到底经历了多少磨难我们无法感同身受,但我们看到邢老师以饱满的精神去阅读,去策划各种活动,推动着工作室的所有成员去买书、阅读、分享。有些人遇到小事或一点点挫折便怨天尤人、自暴自弃,认为自己非常不幸,而邢老师用行动告诉我们:乐观向上,正确对待一切困难,坚强对待一切问题,生活中还是可以有奇迹的!

总之,阅读如一位老师,传授我们丰富的知识;阅读如一盏明灯,照亮我们美好的心灵。阅读的意义还在于分享,分享我们的知识,分享我们的见闻,分享我们的成功,分享我们的收获。开卷有益,总有所得。

阅读,赋予生命更多意义

阅读可以怡情,阅读可以激智,阅读可以改变性格,阅读可以改变命运,阅读可以延续生命。阅读的历史就是改变性格的历史,阅读的历史就是转变命运的历史,阅读的历史就是心灵净化的历史,阅读的历史就是人生升华的历史。有人说,钝者因阅读而伶俐,躁者因阅读而安静,莽者因阅读而细腻,浅薄者因阅读而深刻,灰心者因阅读而振作,孤独者因阅读而充盈,愚顽不化者因阅读而明达事理,天资聪颖者因阅读而辉煌人生!

读书可以成为一种习惯。如今,我一有空就去读书,读书似乎成了我生命中不可缺少的一部分,几天不读书就觉得空虚。我深深地相信,读一本好书就是和高尚的灵魂对话,读一本好书就是心灵的探险,读一本好书就是驶向智慧的高山。徜徉在浩瀚的书海,是轻松愉快的旅行,焉能不醉,焉能不乐啊!

有一种幸福,叫我是邢奇志工作室的一员

王 杰

素质教育认为学生发展的动力是内在的,只有充分调动学生的积极性,才能促进他们的自主发展。参加了邢奇志工作室以后,我觉得邢老师的理论在我的班主任工作实践中都有所体现,我的心理产生了很大的共鸣!我觉得作为一名班主任,一定要做一名睿智的班主任:一是会做新时期的班主任,不断激发学生的学习激情;二是关注学生的心理,学会与学生交流!

激发学生的学习激情

如何激发学生的激情?我想这得靠班主任、靠老师。假如班主任、老师对教育的激情不在,那怎么能激发学生呢?!

职业与事业只有一字之差。许多人认为职业就是事业,都是谋生的手段。职业付出的是时间+体力+精力,结果是每天都按部就班地工作,缺少发现,缺少感动,缺少快乐,缺少幸福感,人生大部分时间是在平凡中度过。而事业付出的则是时间+体力+精力+情感。由于增加了情感,派生出的是热爱,是使命感和责任心。

当教师节来临你收到来自学生的一张张充满真诚祝福的贺卡时;当公开课上你的学生都充满自信地展现时;当科任老师都愿意选择你的班级上公开课时;当你的学生家长无论是在人前还是在人后都夸赞你,都愿意把孩子交给你时,甚至宁愿从实验班调到普通班只因为你是普通班的班主任时;当学生毕业后到学校第一个要看望的老师是你时;当你的学生走出校园还记得你的潜移默化教育时……作为一个班主任,此时心中的幸福感不言而喻。这种情感会让你把困难和挫折都踩在脚下,会让你产生出更多的智慧与创造力,会让你觉得你的付出都是值得的。这种情感会激发你更多的爱,你会更加热爱你的班级、你的教学、你的学生。这样你的职业就变成了你的事业,你每天的心境就是快乐的,你会愿意为了你挚爱的事业付出毕生的精力。

幸福有时离自己很远,远到遥不可及,而有时却又离自己很近,近到触手可得!做一个有责任感的班主任,你的心中就会释放出浓浓的教育情怀。做一个睿智的班主任,你就会在教育旅途中充实自我、完善自我、成就自我!

与学生心灵共舞

在平时的工作中,常常听到一些班主任抱怨现在学生难教、难管理。我认为,这样的观念的根源在于班主任的理念和方法没有深入学生内心,没有触及

学生灵魂,没有遵循学生的成长规律。德育说到底是心灵的培育,"浇树要浇根,教人要教心"。基于这一认识,我的教育理念之一就是走进学生心灵,塑造高尚人格。孩子的心是未经雕琢的璞玉,美丽而又稚嫩。当我们肯俯下身来,走进他们的世界,就会发现,原来许多我们眼中的错误源于我们对孩子的误解。教育是科学,也是艺术。只有师生心灵相通,才能共同奏响教育的和弦。

  班主任一定要开动脑筋,想方设法让学生的心灵栖息。别看学生活蹦乱跳,看起来无忧无虑,其实青春期的孩子内心躁动不安、敏感脆弱。我们的任务就是要让学校成为学生心灵栖息的地方。为了让学生的心处于安静祥和的状态,我在我们班精心设计了一系列触及学生灵魂的教育环节。

  心灵教育过程具有反复性,是一个不断反复、螺旋式逐步提高的过程。从学生自身来说,青年学生正处于成长时期,思想不够成熟,情感不够稳定,缺乏生活经验,因而思想品德容易出现反复与波动。从外界环境来说,意识形态领域里正确思想与错误思想、先进思想与落后思想的斗争长期存在,这种斗争反映到学生思想上也会造成思想品德的反复。已经初步形成的良好思想品德,也可能会因受到某些错误、落后思想的影响而倒退甚至消失。因此,德育工作必须要反复进行,坚持不懈。

  三年的培训使我受益匪浅。三年的培训给我最大的感受是累并收获着。我的眼界开阔了,思想升华了。作为新时期的班主任,不仅要关心学生的智,还要注重学生的德。在今后的工作中,我要多学习先进经验,不断改进自己的工作方法,力争使自己的班集体更加优秀,做一个睿智的班主任!最后感谢刑老师给了我这么好的学习机会,使我更快地提高自己、完善自己。

大爱无痕

蒋少鸿

对"老许"的爱,虽经岁月磨洗,但仍不褪色,鲜活明亮。

2007年岁末,我班上的许同学因病休学。他是一个腼腆内向的孩子,成绩并不好。在他休学的前夜我接到他家长的电话,很震惊!虽然在平时的学习生活中对这样一个如此不上进、反应总是慢半拍、好似故意与老师作对的学生很不满,但当他要离开这个班级,要离开这个朝夕相处了一年半的班集体时,我的内心痛苦万分。我的带班理念是:当孩子怀揣着梦想进入新的学校、新的班集体学习时,作为教师不要扼杀孩子的梦想,而是要给他展示更广阔的图景,让他带着更高远的梦想去奋斗,去规划人生。而这个孩子在还没有实现梦想之前就遭遇了人生的挫折,我却不能帮助他……整整一个晚上,我很痛苦,在计算机中搜寻有他的照片,把照片的效果做成只有他是彩色的而其余人是灰色的,然后做了幻灯片并配乐,构思送别队形、送别礼物……第二天下午离放学还有15分钟的时候,教室的灯全部熄灭,《送别》的乐曲慢慢响起,幻灯打出许同学一年半来在班级的生活学习照片。全班同学排成一列,由教室后排延伸至教室门口。许同学从队伍中走过,像一个勇士。每个学生或赠予一声鼓励,或赠予一个拥抱……直至教室门口我亲手送上全班的合影,叮嘱他接下来的一年好好安排,有问题就来找我……他渐行渐远的背影,"凝固"了我们的记忆。对于孩子们来说,这是一次真实的"生命"教育,让每一个学生懂得了珍惜时光,懂得了"惜缘"……一年的时光很短暂。当他重返校园,当新学期第一次班会他偷偷躲在我班外偷看时,仿佛他只是因顽皮而上课迟到。这熟悉的眼神,让我不由自主地招呼了一声:"老许,进来吧!"熟稔的语气、熟悉的气味在空气中喜悦地跳腾着……一年后他顺利考上了四星级高中。

爱不仅是对弱者个人的同情、悲悯,也是一种集体情感的体验与熏染,是一种共同记忆着的文化财富。

学生的爱时时滋润着我的日子,也给予我力量。"老许"写过这样一段话:"我记忆中的蒋老师是充满活力、不断进取的一个人,不知道放弃是什么选择,不知道气馁是什么心情……至今仍然记得他带领同学参加足球比赛,教会了我们不到最后一刻不轻言放弃;他放弃休息时间对我们进行思想教育,教会了我们作为老师的一份责任心;他在报纸上焦急等待的那个侧脸,一如当年,教会了我们师者父母心。"有一年中考我送考,被记者抓拍到的照片被登在了报纸上报道中考。凭那一瞬间的表情,他就读懂了我的内心。这是怎样一种生命相惜的激动与教育者的荣光!

点点思雨

师爱是一种"隐性武器",最好让它静悄悄地、润物无声地发挥作用。小爱多彩,大爱无痕。成就学生,也会成就我自己。在学生成长的过程中享受"多彩"小爱的回报,积淀"无痕"大爱——最重要、最稀缺的文化资源。

旗帜飘过……

邢奇志

某日,进教室,看见板报标题"放飞梦想"中的"梦"字已经歪斜了。提醒的话到嘴边,又强咽了回去。且观察,且等待,且给学生一个自己觉悟的空间。两天过去了,"梦"字已从"歪斜"变成"倒挂",还是没有人"自觉"……我"等"不下去了。

放学时,我说:"亲,你们的梦想倒(到)了!"

孩子们诧异地望着我,不知所云。

我继续说:"没发现,板报上的'梦'字已倒挂了两天?"

孩子们恍然大悟,两个动作快的立即跑过去,准备将"梦"字纠正过来。

我突然灵光一现:"把'想'字也倒过来,干脆让梦想一起倒(到)!"

孩子们哗然:"老师真聪明!"

我顺了句:"多么机智的邢奇志啊!"

孩子们哄笑。

庆幸,我没有进行批评教育。必要的批评永远不会废止,不过,把它减到最少是我的任务。更庆幸,我没有把自己的思想方法、生活方式强加给孩子们。

类似的"情景剧"经常上演,每演一次,我和孩子们的情感都有一点微妙的化学反应。

王老师气哼哼地说:"你们班×××作业没写完!"我在篮球场上找到他,故意拉长声调喊:"×××,邢老师——叫你——回班——写作业!"他在同学们善意的笑声中狼狈逃回班级。

几个学生在教室"追逐打闹",我"字正腔圆"地小声说:"同学们,请看二年级十四班小朋友表演的情景剧:找朋友!"("顺便"解释了"智商"公式,心理年龄与实际年龄的比例关系)临时起兴的夸张表演和"科学"解释的结果:一段时间内男孩很"绅士"、女孩很"淑女"。

不过,最拿手的还是拿自己开涮。比如,将"犯罪"的三个特征与我的"姓"联系起来,声情并茂的知识讲解,使得学生轻松地掌握了相关知识。这也成为我讲课的经典范例。讲解如下:一个行为如果触犯了"邢"(刑法)老师,后果很严重(危害大),就要受到"邢"(刑罚)老师的惩罚,这就是——犯罪!同时说明,触犯"刑法"是区别犯罪和一般违法的重要特征。最后自嘲地补一句:我为"政治课"而生。学生哈哈大笑。

后来,学习"高举伟大旗帜"时,听到学生们"碎碎念":奇志(旗帜)就是主义,奇志(旗帜)就是方向,奇志(旗帜)就是形象;"三个代表"就是邢奇志(新旗帜)。"名讳"让学生对邓小平的这句话"一遍"熟,不一定理解深刻,但是一定记忆很深刻。再后来,孩子们的QQ群签名变成了:"旗帜飘过1997……""旗帜飘过2008……""旗帜记忆2011……""旗帜现任2013……"。看见"过去""现在"的孩子们的QQ签名,我经常有恍惚的温馨,孩子们的声音,生命的滋味,似乎全在那里。

点点思雨

如果孩子们在学校努力学习,却没有在努力中得到学习的乐趣,只收获了无数的义务(作业)、恐慌(考试),灵魂日益萎缩,手脚"根本停不下来",那么还有比这更可怜的事吗?

幽默有一种特别的力量,当一切喧嚣静息下来后,它仍然在工作着,穿透可见或不可见的间隔,直达人心的最深处。教师的幽默,一定是放低身段、放下脾气、放下心情后的天性释放,无需技术技巧,有孩子般的心灵就够了。

亲子共阅读，你我同成长

厉 华

不知道从什么时候起，越来越多的人似乎忘记了阅读，然而读书这种习惯要靠从小培养。良好读书习惯的养成主要靠学校和家庭，可是多年的应试教育，让很多家长和教师认为学习就是做作业。所以我们经常听到老师叮嘱学生的一句话：回去把作业做好。而家长督促学生的一句话就是：作业做好了吗？从没有人问：今天看了什么书？

怎样才能扭转孩子、家长、老师对于阅读的错误认识呢？我们尝试了亲子阅读这一活动。我们每月发下两期亲子阅读的材料。亲子阅读材料所选文章都经过精心挑选：有介绍阅读重要性的；有介绍优秀民族如何重视阅读的；有中外名人读书学习方法启迪类的；有一些知名人士对于阅读问题的深度思考；有对于家长如何指导学生复习的专题等。伴随这些阅读材料同时下发的还有亲子阅读反馈表。学生、家长阅读后，各自在反馈表上写下自己的阅读感想。我们还从每期反馈表中选出优秀的制成展板进行分期展示。

此项活动在学生和家长中引起了强烈反响。每次展示，孩子们都会认真观看，看看自己的"反馈表"是否在入选之列。小A说："亲子阅读反馈表展出的时候，我经常会抽空看看其他同学的阅读想法，往往会得到意想不到的大礼——更多的思维途径和分析方法，当然我也期待别的同学分享我的体会。"家长们如果在展出期间正好来校，也一定会在展板前停留。小C妈妈说："通过学校定期发放的亲子阅读材料，在与孩子共同阅读的过程中培养了孩子的阅读兴趣，拓宽了孩子的眼界，同时也加深了我和孩子之间的感情和亲情。"家长们还说："感谢景范中学推出的亲子阅读，它不仅让孩子培养了良好的阅读习惯，开阔了视野，也让家长反思自己的教育方法，从刚开始被动地陪孩子阅读到主动地和孩子一起阅读学习，给孩子树立了一个良好的榜样作用，与孩子能够共同交流和成长，受益匪浅。"

亲子阅读活动收到了孩子和家长的一致欢迎，也坚定了我们将活动进行到底的信心和决心。希望我们的班级、我们的校园、我们的社会，在家校的共同努力下充满更多的书香气息！

点点思雨

家长的力量是教育中不可忽视的重要组成部分。获得家长的支持能让学校教育如虎添翼。让家长参与到孩子的活动中来,与孩子共呼吸、同成长,不仅能够充分调动家长的积极性,还能让家长成为孩子的榜样,成为孩子效仿的对象。这样,我们最终改变的不仅仅是一个个学生,更是一个个家庭。我想这才是教育真正要达到的目的。

我们是"超人"

符婷婷

"花姐"是咱班副班长、学校大队长,品学兼优,深受师生喜爱;"杰哥"是班上"争议"颇多的一个人物,行为习惯、学业成绩均不太理想,其体育委员工作失误较多。上学期末,该两名同学均被授予本班最高荣誉称号——"超人"称号。意外吗?不公吗?有点意外,但绝对没有不公。其实,"超人"在我们班有着独特内涵——能超越自我的人就是超人!

"超越自我",一句响亮的励志口号,但如何将之落实到学生行动中,真正利于他们的成长,我只是在尝试着。

尝试一:"超人"宣言之视频精编版

在班内组织"超人"主题演讲活动,每学期两次,期初一次,期中考试后一次,内容均为反思与展望,要求学生讲出希望自己通过半学期努力达成的目标。我用摄像机把每次活动记录下来,待半学期过后将编辑过的视频播放给大家看。回味中,同学们认可彼此的进步,反思不足之处。影像资料比文字资料要生动许多,同学们立志的言语、神态、小动作都历历在目。如"杰哥"期初时,晃动着身体羞涩地表示,他会珍惜来之不易的体育委员的岗位,让大家看到他的进步。

尝试二:"超人"周计划制度有力执行

每周三班会课内的15分钟被定为"超人"周计划制订时间,以小组为单位,组长负责组织,将上周计划完成情况进行总结评价,并一同制定下周目标。每周一个目标,根据个人实际情况,可涉及学科作业、测试、行为、学习习惯养成、班级工作等多方面。"花姐"在计划中列入过一周内各科作业均得优、向老师提3个有建设性的问题、协同班委商定班级活动方案等项目;"杰哥"在周计划中列入的有一周内英语默写全部及格、不被值日班长点名、确保班级跑操9分以上等。总之,计划要具有前瞻性、针对性、可操作性,否则视为无效、不得参评。各小组将计划制订与目标完成情况都记录在表格中,并在班级板报上公示,组间相互监督,班主任不定时抽查。

尝试三:隆重的"超人"授奖仪式

学期末,根据超人周计划完成情况,评选"超人"。除了准备丰盛的奖品外,还将"超人"们的视频、文字资料进行编辑,在颁奖时播放。同学们上台领奖、发表获奖感言。"杰哥"领奖的时候很激动,但还是有点羞涩,同学们为他鼓掌。

想到一学期以来他在各方面的进步,我的感触不比他本人少。"花姐"也获得了"超人"称号,看来这一学期她又提升了不少!

当然,我们班的"超人"远不止以上两位同学,每位"超人"都汲取了班级"超人"文化的精髓——超越自我,把握当下!

点点思雨

快节奏的学习、工作往往让我们模糊了自己的脚步,也无暇顾及脚下的路通向何方,于浮躁中静不下心来。梦想引领人生,只有不断超越自我的人,才有能力追逐梦想。班内大多数学生来自外来务工人员家庭,基于前期受教育情况的不均衡,水平参差不齐。起点在哪不重要,关键在要为进步而努力,要能科学地评价自己。"超人"行动旨在引导学生根据最近发展区,在短期目标引领下,于成就感、价值感抑或追悔反思中日益成长。我们稳稳地走,能走很远。

纸 飞 机

孙智文

不知哪一天起,班里有学生开始折纸飞机,用草稿纸、报纸甚至集体订阅杂志的封面。

下课后,进班,发现几个学生拿着纸飞机扔来扔去。

怎样处理这件事情呢?初一进校时因为发现类似情况我已经在班里教育过。初二了,简单重复的教育应该没什么效果。

"厌恶疗法"?对!作为国家心理咨询师,该是我把专业知识用上的时候了。

我刚在班里说起"纸飞机",同学们就迅速把这几个"飞机制造者"给爆料了出来,控诉他们乱扔飞机的"恶劣行为"。还有一个孩子折的东西更是令我哭笑不得——帽子一顶,他还用彩笔涂成了绿色,自习课时偷偷戴在其他同学头上。

我笑着让他们安静,捡起地上还没来得及"毁尸灭迹"的一架"飞机",对它的纸张用料、折叠手法评价了一番。然后请这几位"飞机制造者"每人准备一张纸,强调是他们各自最擅长折的纸。同学们面面相觑,不知我在卖什么关子。随后他们便一起来到我的办公室。

"既然大家这么爱叠纸飞机,嗯,还有你的帽子,绿帽子——"我故意拉长声调。学生们想笑,又不敢笑出来。"现在可是你们拿出看家本领的时候了,作品要给我品鉴。注意!可不能讲话交流啊!自己的技术独一无二,被别人偷学去就不好了。"孩子们分开来,你看看我,我看看你,开始折。想说话,又只好憋住。

有个孩子草草折好一个,听得我说"咱可得认真折啊,折出风格,折出水平",又赶紧拆开认认真真重折。一会又听我评头论足:"嗯,最好还要用上些物理原理。这个,头那么扁,有什么原理没?啊?乱折的?那肯定不是你的真实水平!你们是初二的同学了,如果还是小学幼儿园的水平,简直就是对自己智商的莫大侮辱啊!"我在他们之中兜来转去,拿腔拿调,而他们就改来改去。

这事一变成了任务,孩子们就不觉得好玩了,更何况居然还有技术要求!他们满头大汗地折完,早已过去不少时间。那位折"绿帽子"的调皮大胖,还在用绿色彩笔使劲涂。

"折飞机好玩吗?"他们赶紧摇头。"现在都是自己的最高水平了,要不要比比"?他们的头又摇得好似拨浪鼓。我再次做出一个让孩子们几乎"喷血"

的决定：拿着作品，做出最帅的姿势，给你们拍张照！他们扭捏着站成一排，恨不得用小小的纸飞机把自己帅气的脸遮住。最惨的是"绿帽子"男生，因为要情境重现，把帽子戴在头上，他只能垂首作小媳妇状。

　　"咔嚓"拍完，这下有图有真相了。"怎么处理呢？"我看着他们手中的东西问。

　　"送给老师，我们再也不要了！"他们赶紧在我的"谢谢"声中把纸飞机放到我手上。"这顶帽子，还是不要给老师了。"大胖把纸捏成一团扔进垃圾桶，飞也似的溜回了班级。

　　从此，再没重犯。

点点思雨

　　顽皮是孩子的天性，一味的说教只会令孩子反感，不如施以一两理解，二两幽默，三两道理，细细调和。事后我也在全班分析了这种行为的不当之处。最重要的是，孩子的不良行为被"厌恶疗法"治愈了，师生关系也依旧融洽。孩子们今后想来，这还是一件值得一笑的儿时趣事呢。

扶起倒下的多米诺骨牌

何 燕

男孩一大早就要扛着水桶去换水,他不安心在教室早读,就出去晃悠了。

校长正站在校门口,几个进校门忘带胸卡的学生长驱直入,没有把校长放在眼里。

男孩撞在校长的"枪口"上了。

"胸卡呢?"

"在教室呢。"

"谁让你放教室的?"

校长干脆让他站五分钟以示众。我站在教室的窗口,清楚地看到这一事件的始末。

五分钟后,他把水桶扛在肩上,一路低头走进教室,气呼呼地装水桶,但没装稳就撒了手。水桶直直地从架子上摔了下来,底部破裂,水迅速地流淌。他呆呆地站在那儿,准备接受我的训斥。

我走到他面前,温和地让他回到座位上。等到一切安置结束,我说,今天的早读换成晨会吧。

我清了一下嗓子:"今天晨会的内容是介绍一种生活中的效应。这种效应叫多米骨诺牌效应。骨牌竖着时,重心较高,倒下时重心下降,倒下过程中其重力势能转化为动能。第一张倒在第二张牌上,这个动能就转移到第二张牌上,第二张牌将第一张牌转移来的动能和自己倒下过程中由本身具有的重力势能转化来的动能之和再传到第三张牌上……所以每张牌倒下的时候,具有的动能都比前一张牌大,因此它们的速度一个比一个快,也就是说,它们依次推倒的能量一个比一个大。"

讲完后,我问:"谁能把这个现象转移到生活中来?"有一个同学深有感触,站起来说:"昨天我数学考砸了,心情很糟。我妈说了我几句,我给顶回去了,我妈也连带着生气。最后是以爸爸、妈妈吵架收场的。"又有一个同学说:"昨天我忘记带英语书,被英语老师罚抄课堂笔记,一气之下我踢坏了我的凳子,又被老班您责令赔偿。真是祸不单行。"

我接着抛出了一个新的问题:"谁能注意到最先开始的那件事情,其实是最小的一件事情?"

"是啊,真是鸡毛蒜皮呀!"

"当时没注意,现在想想真是不应该。"

"看来做事情得想想后果。"

最后,那个扛水桶的男孩站起来说:"我是这些骨牌中的第一张,如果我当时意识到了自己的问题,主动跟校长认错,那么事情就不会糟糕到这一步了。"听完,我只是俏皮地说了一句:"校长才是推倒第一张骨牌的反力量。"

一场冲突在谈笑声中解决了。这一天的早读后,那些孩子开始思考罪魁祸首的问题,开始思考不做推翻第一张牌的事情,同时还在思考如果是好事会怎么样呢。

成长中的青春多姿多彩,但生活中的磕绊也会很多。如何学会处变不惊,如何学会驾驭自己的情绪,如何扭劣势为优势,都要经历一种修炼。

当多米诺骨牌倾倒时,教育者需要担起扶正它的责任。

点点思雨

青春总是在跌跌撞撞中走完的。青春的棱角总会撞在教育的锐角上,伤的不仅是青春,还有教育者的心。拆解青春难题的招数有很多,教育者学会了见招拆招,但总是忘记了自己也是青春问题的制造者。推倒第一张多米诺骨牌的有可能就是教育者本身。

在与青春者同行的路上,教育不能只有命令和执行,还要有商量和探讨、发现和创新。对青春者的情绪调控是教育者的软肋,那是一场智慧和温情的较量。

教室里的"花言巧语"

陈玲玲

春天到了,进入新学期的我此刻有些发愁:那群孩子活泼懂事,可偏偏对学习没有什么要求,他们以应付完作业为最高目标,对升学,班级里的大多数人都是持顺其自然的态度。这可一点都不是我想要的状态。

在校园里转悠,看到工人们正在清理绿化带中的野草,纠结中的我突然有了个想法。我把即将被当作野草拔出的牵牛花小苗移到盆里,等到长得非常茂密的时候,我兴冲冲地把它搬进了教室。

"陈老师,你把办公室的那盆草搬到教室干吗,真碍事!"

"这不是草,是花好不好!"我立刻辩解道。

"这是花?外面拔草的阿姨不知道每天要拔掉多少!"

"就是就是,丑死了,扔了吧!"

"对啊,放在班级里,我们卫生得扣分的。"

……

我这准备好的说辞还没上场就遭到一片抗议。

"那我不管,反正不能扔,你们给他拾掇漂亮点不就好了吗?"凭借良好的班级群众基础,我扔下花盆玩"快闪"!我知道这帮孩子准会想点法子出来。

果然,第二天,不知道是谁给换了个白瓷盆,衬着那绿油油的叶子,还真漂亮得多。而我更是仔细地用细竹签在盆上搭了个架子。在孩子们一副"不可理喻"的眼神里,我将周记《我是牵牛花》交给班长(和学生一样,每周的周记交给班长,大家共享)。其中有这么一段:"牵牛花在花匠的眼里是杂草,但是当我们把它移栽到花盆里,用细细的竹签给她搭上简单的架子,我相信,只要努力生长,它会有自己的风景,它也会拥有独特的美丽。让我们共同期待!"

也许是这样的解释得到了些许认同,牵牛花就在班级自在地"生活"了下来。

五月的某天,刚进教室就迎来了"老师,开花了"的兴奋叫声,只见那郁葱的藤蔓间,粉红的花朵和嫩绿的花苞映衬其间。抑制住内心的喜悦,我用平静地语调说:"它是花,它有花的生命,所以在百花园中它不需要仰望别人的美丽,只要扎根土壤、跟随阳光就能奋力生长、成就自己!我们是年轻人,我们有和别人一样蓬勃的生命力,为什么我们只顾羡慕别人而不奋力成就自己呢?"

静悄悄的教室,每个人脸上的表情都不同,但点滴的感悟会随着生活散发开来：有人带来吊兰，说她的生命力就是打不死的"小强"，失败的时候给她浇浇水，汲取点能量；有人带来文竹，说缺乏灵感的时候过来瞧瞧，可以沾点仙风道骨的文气；还有人从乡下挖来了芝麻，说别看样子长得不好，可芝麻开花节节高，这不就是我们追求的脚步吗……

未来的日子里，这群学业水平不是非常优秀的孩子们依然会有沮丧和挫败，但每当教室里的"花言巧语"在不经意间随风拂过心头，他们就会不断地忆起：花有花的生命，我有我的青春，唯有继续奋进才能成就自己。

点点思雨

面对不那么自信的孩子，理论的说教可以树立起道德的标杆、行为的标尺，却无法带来内心深处真切的认同与接纳。而没有内心的认同与接纳，孩子们就没有改变并坚持下去的动力。自信的人可以从过去的经验里找到信心，并相信可以依靠自己。作为班主任，也许我可以通过生活中那些最简单又最真实的存在，赋予孩子们最真切的体验，从而让他们相信自己，坚持下去。

诗意的教育　微切的关怀

朱晓敏

　　三年的班主任工作室活动进入尾声，三年的感动与回忆满满都在心里，三年的实践和收获都是人生宝贵的财富。学生是老师无法割舍的羁绊，学生是老师心中永远的牵挂，学生工作是学校德育工作的立足点。就我而言，我认为教育的引力在于它的诗意，就像歌者的生命在于让梦想在激情中飞扬，就像舞者的生命在于让绚丽在坚持中绽放。当教育摒弃了世俗的纷争、忘却了名利的角逐，就会获得一种刻骨铭心的力量。而教师的魅力在于他的激情。当教师在教育舞台上耕耘、作为、奉献时，他就找到了一条自我实现的成才之道，为自己的人生增添了无尽的动力。

　　我理想中的教师应具有诗人的浪漫、哲人的智慧、艺术家的审美和科学家的精髓。翻阅历史典籍，教育诗意盎然扑鼻。我认为教学就该如此。虽然现代的我们缺少当时的氛围，但是我们依然可以用诗意来阐述教育论的"原"和"美"。诗意的教育必定得有意境。所以教育也得与自然联系在一起。美景、美食、美酒往往是古代诗人创作时所必备的。《论语》里讲，孔子和子路、冉有、公西华、曾皙谈志向，轮到曾皙时，曾皙竟说出一段富有诗情画意的话来："莫春者，春服既成，冠者五六人，童子六七人，浴乎沂，风乎舞雩，咏而归。"这番话把孔子感动得心旷神怡，喟然叹服。孔子游春，携弟子数人至泗水河边，围而畅谈水之德行、水之志向、水之情义、水之善施教化。完毕，更在颜回的古琴声中载歌载舞，兴尽而归。圣人果然圣明，将一番为人之道在不知不觉中化入弟子们的思想精髓，尤其将一番枯燥乏味的道德说教融入一次游春活动，既欣赏了无边无际的春色，又营造了师生围聚同乐的氛围，可谓春意盎然、情意盎然、诗意盎然。

　　时光荏苒，岁月如歌。再好的茶叶，没有与水的融合，也无法芳香四溢；再有学识的人，不奉献于社会，也无法实现人生价值！

　　展望未来，任重道远。在和学生相处时，我总是严中有爱，爱而不宠。我用爱更新教学理念，用爱改进教学方法，用爱让满口脏话的孩子成为文明标兵，让自由散漫的孩子创造无数奇迹，让性格内向的孩子大胆当众演讲……正是这种爱，才有了孩子们高唱"心若在，梦就在，只不过是从头再来"的豪迈，才有了孩子们描绘"长大后我就成了你"的蓝图，才有了孩子们"燃烧自己，照亮别人"的信念。

初二的时候,班上有这样两个学生:一个是班上品学兼优的尖子生,内向寡言,文静质朴,是那种不刻意引人注目的女生;另一个自上初中学习成绩便持续下滑,但因伶牙俐齿、耍聪明,是班上出尽风头的男孩。两个人如此不同,唯一算得上相同的是,他们的作文经常同时被我拿了在课堂上当范文宣读。事情本来看似没有任何交集,也没有任何波澜地行进着,但是一石激起千层浪。先是女生连续两天没来上课(这是从未有过的),接着传出她家庭变故的噩耗。终于,在一天早晨,她离开了大家回老家了。她的不幸使大家沉浸在悲哀与同情的气氛中。更让我没有想到的是,这个男生突然变得非常奇怪:在上课的时候会突然站起来跑出教室,在考试的时候会突然把试卷撕碎,在自习课上会突然拍桌子,等等。我意识到事态的严重,我也清楚地知道这一切都和那个离开的女生有关。在一个周一的班会课上,我走进教室拿出两封信,告诉大家这是那个女生留下的。教室里出奇的静,大家都带着诧异的眼神看着我。我开始念信。第一封信是写给几个最顽皮的后进生的,鼓励他们不要有畏难情绪,付出汗水就会有收获,提醒他们要遵守学校纪律。我注意到,这几个平时无法无天的家伙,这时都低下了他们"高贵"的头。第二封信,出乎所有人的意料,是写给那个男生的,先是一番褒奖,一些诸如聪明、多才多艺、很多方面让她敬佩的定义,继而笔锋一转,不留情面地写道,由于他骄傲自满、上课不专心、作业敷衍了事,成绩持续下滑,并且有继续恶化之势,告诫他不能自己耽误自己。事情过去以后让我惊讶的事情发生了,一个振奋的、积极的男生出现在大家面前。我也很高兴,毕竟是理想的结局。

一转眼,初三毕业了,孩子们把一份一份礼物放在我的桌上。在这么多礼物中,我看到一个半透明的包装袋里面有一封信,浅黄色的包装纸,扎起的部分被修剪成一朵层层叠叠的花,再用红色丝带装饰,非常精致可爱。打开信,熟悉的字迹出现在我面前:"老师,初二那个秋天,你用那封信唤起了我的斗志。今天我想说出我的心里话。老师,我知道那封信是你写的,但是我真的很感动。"顿时,我被深深震撼了。繁枝容易纷纷落,嫩蕊商量细细开。说到这,我想到了一首诗,即杜甫的《春夜喜雨》。那不就是教育的一种诗意境界?植物萌发生长的春天,好雨知道下雨的节气,正是它随着春风在夜里悄悄地落下,悄然无声地滋润着大地万物。细读那个"随",那个"潜",那个"润",那个"细"和"无",看似平常、朴实、浅显,但揭示教育无痕。最奇妙的教育都是在无意中进行的,自然而然,绝无强加于人的斧凿印记。透过"随""潜""润",我们可以看到雨过无痕、风过无声、润物有形、微切关怀的美的教育意境。

阅读助力成长

邢奇志

跟不上的节奏

我对学生的爱护和关心经常摇摆在现在和将来之间。为了美好的未来牺牲当下快乐是我常做的事。比如,为了专心于"考试复习",把教室书架里的"闲书"暂且收到我办公室,却发现孩子们课桌里多了很多"私人收藏"的书。懊恼自己的愚蠢,居然想抽走空气,挡住"阳光"!既然孩子们用他们的叛逆、反抗提醒我他们在想什么、他们要什么,那我就响应这另类的召唤,变被动为主动,积极回应。还有很多无法解密的问题,艰难破解未果,我只有"暗算"了,比如孩子们的读书品味、精神成长问题。

为了助力孩子们的精神成长,提升孩子们的读书品味,我设计了一个"千读百写"微阅读活动:在孩子们繁忙的课本学习以外,每周抽20分钟时间,阅读一篇"千字美文",涉猎小说、散文、杂文、科普文等,附设几个小问题,顺做一个小小的读书微调查,要求学生的回答在"百字"以内。活动目的是激发学生的阅读兴趣,营造读好书好文的精神成长环境。一个月之后,我发现,我与孩子之间的阅读出现了极不对等的阅读倾向。我不理解孩子们的阅读偏好——为什么爱读那些"垃圾书"?孩子们也不太喜欢我推荐他们阅读的美文。这好像不单是年龄、经历造成的代沟问题,肯定还有些别的什么原因!虽然知道阅读有偏好,也知道阅读是私人的事,但是我觉得应该有一些"共同的书"要读、要记、要写。我以为,孩子们阅历尚浅、知识尚少、精力充沛,阅读时应该是"海绵式思维",扑在美文上大量啃噬、吸收。事实上,他们表现出的是"淘金式思维",喜欢与美文对话互动。比如,他们硬在"千字文"中找出三个相同的字,以示鸡蛋里可以挑出骨头来。

同时,我发现另一个自己不愿接受的事实,孩子们有自己特别喜欢的共同阅读的书,比如,一半学生提及"最爱读"的书是《青铜葵花》《笑猫日记》《花千骨》。我,听说过,没读过,借来,读不进去。我承认"吾之蜜糖,彼之砒霜",阅读不能强迫,但阅读需要引导,否则孩子们只会读一些流行的畅销书——类似"薯片"类的精神休闲食品,没有多少营养价值。我担忧。但愿自己不是那忧天的多情杞人。

我承认,我的思想是偏执的,我的理性是感性的。我不代表教育,也不代表正确和深刻。我代表我自己：一个偏执的普通教师。我喜欢"以偏概全"，喜欢"以点概面"，迷信"书"、迷信"字"、迷信"理想"的力量。我承认，我的思维经常突显出"弱势批判性思维"特点，即思维的目的就是要抵制和反驳那些与我意见不同的观点和论述。为孩子们明道理、辨是非，目的是将孩子们的思维纳入我的思想框架下，亲眼瞧着与我意见不同的孩子们服服帖帖地甘心认输，走进纯文学，走进真正值得浪费时间的美好书籍里，走进崇高的精神世界里。我坚信，在美好的时间错过最美好的事物，在有精力攀登高峰的时候只将就爬一些小丘陵，将来都是孩子们的遗憾，那也是我为师的失职。我厚颜认为自己是在做一件功德无量的事。

我承认，孩子们经常表现为"强势批判性思维"：一视同仁地质疑一切主张，包括他们自己的主张；开放自己的思想，认真接受（也许是表面）教师的安排，不轻易钻牛角尖，但保留着说"不"的权利。比如，孩子们在崇拜霍金、海伦·凯勒、屠呦呦的同时也喜欢成龙、孙杨、朴灿烈，在崇拜鲁迅、莫言、莫泊桑的同时也喜欢郭敬明、南派三叔、唐七公子，还有很多学生崇拜习大大、崇拜周恩来。此时，我羞愧，我不能打开自己的思想，很难改变自己的思维习惯。我得向孩子们学习，也翻翻孩子们推荐的书，也了解了解孩子们喜欢的人。我得努力跟上孩子们的节奏，否则我会被孩子们"暗算"的。

硬软兼失

也许，我们对美好事物的定义不一样，对美好的书籍的感受不一样。无论孩子们是否体验到，我都会一如既往地爱护和关心他们，这是为师的方式和态度，但我们需要对话，需要互动。

我问学生"你最崇拜的人是谁"。160人中，"没有"崇拜谁的有7人，崇拜"老师"的有54人（因为老师做调查，"水分"有多少不得而知），剩下的就是崇拜各路明星、某种职业、亲人、同学、朋友等，没有一个真正受到大家（一半人数）共同敬仰的"英雄"人物。我疑惑，难道这真是一个只产生偶像而不产生英雄的时代吗？我想，没有崇拜感或仰望感的精神世界是多么脆弱、空虚、恍惚，不可想象。

我们这一代人，小时候集体崇拜刘胡兰、邱少云、黄继光等英雄人物，这些人物在我患病住院的日子为我撑起了一片天。现在的孩子们，在商业文化里成长，缺少"崇高"的教育，如果遇到需要忍住疼痛的时候，脑海中会浮现谁呢？是"大白"，还是那些可以拿来调侃、开玩笑的偶像明星？我顽固地想：人的心中应该有英雄的位置，应该有崇高感、有敬畏感、有仰望感，这是硬邦邦的支撑力。

我问学生："最近一次感动到哭是在什么时候，为什么？"

纪同学说:"我四年都没哭过,更别说感动到哭。"王同学说:"最近哭还是因为考试成绩不好,被父亲打哭了。我从来都是生气哭,不是感动哭的。"160名同学中,有14名同学已经一年多没有被感动哭过了,还有9个同学是最近几个月没哭过。有16名同学在6月份的小学毕业典礼上哭过(这应该是感伤不是感动)。孩子们连感动都不会了!是孩子们的心变僵硬了吗?当然不是。23名同学因为得到意想不到的"礼物"而哭,46名同学因为看新闻、看电视剧而被感动哭,32名同学被书中的情节感动而哭,22名同学被亲情惹哭……这还是最容易动情的年龄,最爱哭的年龄啊。有初三的学生调侃:"作业多得连自杀的时间都没有了,哪有时间哭啊。"也许他们的升学科目可以得满分,但在道德、人格、感情培养的部分可以得零分。早上有一个同学没来,直到放学都没有人关心地问一声"他病了吗";老师喉咙沙哑地讲课,有的同学仍然在"讲笑话,开小会"……产生这些现象,错愕吗?一点不觉得。真的,"儿童没有时间当儿童,少年没有心情做少年,成人没有空间为成人"!只有我还不识时务地抱着这种执念:阅读能软化人的心灵,让人拥有一颗易感柔软的心、敏感的心。

  没有崇高、没有洁净、没有柔软,人的生命就可能会走向低俗或者粗糙。这就是我开设"千读百写"活动的初衷:我不忍心让孩子不像孩子、少年不像少年。我还奢侈的许愿:让柔软住在孩子们心里,使他们听到美好生活的呼唤;让英雄住在孩子们的心里,使他们保持内心的崇高感。

  我期待:经过一年的努力,能够为每一位学生都创设一个量身定做的学习环境和个性化的阅读指南。我更向往:当孩子们读了几十篇美文之后,就像上了发条一样,自己一篇一篇哗哗啦啦地翻阅下去。我希望能听见孩子们"噌噌"生长的声音。

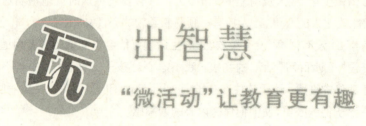

玩出智慧
"微活动"让教育更有趣

第七篇
教育边上

　　人都是平常人,一着笔就不平常;故事也平常,一经渲染,便不再平常。真的是人可入诗入画,平常心概括了众生相。我们周遭,有多少奇闻轶事。只需用慧心一照,用彩笔一挥,宇宙大千,多彩多姿,美不胜收。

没有毕业季的学校

邢奇志

婚姻是一所学校：女人是校长，决定教育质量；男人是书记，掌控教育方向；孩子是学生；事件是教材。婚姻，应该是没有毕业季的学校。观我"校"：

教学理念：只讲感情，不讲道理，糊涂界限不清楚。

教学方法：探索学习，合作学习，适度空间不互防。

教学效果：苦甜交融，祸福相依，谦让包容不作死。

婚姻"教材"的母版多来源于双方父母打小、时时、点滴、耳濡目染的言行"示范"，辅助教材来自同辈兄弟姐妹、朋友邻里的经典而精彩的免费奉送。结论：每个人的婚姻都是一段早已写就的文字，事件则给它打上了重点符号。

我的天赋才情：好心，好职业，好外表。老公的天然格调：爱钱，爱孩子，爱干净。我"校"的分工自然成了各自的特色发挥：老公独揽财权，房子、车子、存款一律都是老公的姓名；抓"大"还不放"小"，柴米油盐酱醋茶的采购全归老公一手抓。教育权我得天独厚，属我"专业"强项，老公绝不涉足。其实，我"管"女儿，更多表现为"做好自己的本分"。比如，餐前餐后，我和女儿在书房认真学习，各读各书；老公在厨房烹煎炸炒，洗涮清扫：各据一"房"，互不相扰。当然，我"校"的"面子"工程实施非我莫属，服装配饰、家庭装饰，皆由我做主。

我"校"的纷争同样来自才艺爱好的差别。比如，老公为"钱途"富宠女儿，我为"前途"减少车接车送；买车，我看重漂亮，他注重性能；买房，我看重方便，他看重"经济圈"；为活"一口气"他辞去公职义无反顾，求稳定我宁愿"忍气"受罚，随"夫"而安……

曾经，几个"同事"玩"冒险"游戏：互为对方老公发一张"匿名贺卡"，试探情感，试探婚姻。老公们收卡后表现平静，我们反而纠结、纠缠、瞎闹腾。铁的事实是老公们认为这等无聊事是"太闲"作的。老公们敷衍背后的清醒，彻底"击倒"了我们的婚姻理念！我们也许知道太阳与星球的引力关系，但是对于夫妇的引力关系有点糊里糊涂，婚姻"调研考试"交了白卷。

偶遇年轻人问：婚姻里，你思考过什么？老实说，在婚姻里思考过什么，我压根儿想不起来。

在寒冷的日子，思考一下寒冷；在炎热的日子，思考一下炎热；在悲哀的日子，思考一下悲哀；在快乐的日子，思考一下快乐。还会毫无缘由地浮想恋爱往事，却几乎从不曾思考正儿八经的事情。

在私人定制的小巧玲珑的婚姻之中,在令人留恋的、世俗的嘈杂热闹之中,一味地玩个不休,这是相当快意的事情,哪还能想什么。

片片思雨

1985年2月5日傍晚8点,在西安火车站,我一个人一边拎着行李,一边寻找车厢。我看见了他……瞬间,有什么东西静静地从天空飘然落下,我明白无误地接受了它,人便低到了尘埃中。从此,惦着一个人并且被这个人惦着,心便有了着落。

学校教育教你做人,教你做算术,教你学哲学,教你弹琴作画,教你做知识女性,但没有教你做贤妻。从恋爱到结婚,从补袜子的女红到男女相处的艺术,这些是学校应设有的课程,不能任由媒体、市井填了这片教育空白。

一杯温开水

张立人

我是个急性子,老公是个慢性子。我喜欢追求完美,老公喜欢将就凑合。无论从哪方面看,我俩都不是一个调频的,吵吵闹闹是注定的。

某日,我俩兴高采烈买了个 iPad。我很笃定地认为贴膜是小事一桩,绝对可以贴得完美无瑕。于是老公在一旁看电视,我在一旁贴膜。可是,不知道那天是怎么了,这膜贴来贴去,不是有灰尘就是有气泡,一张贴坏了,再来一张,越贴越毛躁,直至把两张膜全部贴坏,我心中开始有了怒气。女人嘛,在莫名其妙发脾气的时候很少会冷静,特别是当老公面对你的脾气表现出一副满不在乎的神情时,你的小火苗绝对会在瞬间幻化为重重烈焰。我就这样莫名其妙和老公开战了。

"为什么我在这边辛辛苦苦贴膜,你在那边舒舒服服看电视?"

"不是你说能搞定,让我看电视的吗?"

"那也不代表你就可以安心看电视。"我是多么不可理喻,可心里那怒实在没处发呀。

"你要我陪着就说嘛!现在贴坏了又赖我。"

"就是贴坏了,你说怎么办,没膜了。"我心里很自责。

"坏了就坏了呗,再买了重贴!"

"不行,我弄坏了两张膜,现在怎么办!"

"谁让你一定要精益求精,明天买了再贴,发什么脾气呀!"很明显,老公开始不耐烦了。

"我发什么脾气了呀。"

"贴坏了再买,不是说了嘛!"

我俩就着同一个意思又进行了 N 个来回,老公爆发了:"行了,明天再说,睡觉!"说完就睡觉去了。

其实,当时老公只要温柔地给我个拥抱,这鸡毛蒜皮的事就结束了。可是,他居然扔下尚在怒气中的我,自己睡了。气愤之下,我抱着枕头、被子,睡在了沙发上,边睡边期待着老公叫我回房间。时间一分一秒地过去,老公鼾声已起,我注定要在这大冬天睡沙发了,打死也不回房间。

躺在沙发上,心中的怒火已经从贴膜这事儿转移到老公的不温柔、不体贴、不浪漫等种种不是上了。老公实在是一个太标准的经济适用男:结婚前,没有

一杯温开水

送过鲜花,没有浪漫的求婚,约会是去超市。后来我就莫名其妙地嫁了。越想越委屈,眼眶湿湿的,迷迷糊糊睡着了。

早上醒来,我赌气不跟老公说话。洗漱完毕,习惯性地拿起桌上的杯子。忽然间,老公所有的不是都没了,就因为那杯水是温热的。

不知道从哪天起,老公注意到了我每天早上喝一杯开水的习惯。于是,从结婚到现在的一年零两个月又十天的日子里,每天洗漱完毕,总有一杯温开水在等着我。不管是夏天还是冬天,那温度永远是不冷不烫、温温热热。

"愣什么呀,快吃早饭,不吃就冷了。"

"哦,吃!"

日子一天一天过,小打小闹时而出现,但所有的不快,都会在早上端起那杯温热开水的瞬间慢慢消失。

点点思雨

20岁的时候,我喜欢轰轰烈烈的爱情,喜欢用最美妙的语言和最浪漫的方式告诉对方我有多么爱他,喜欢用所有的激情点燃爱情的火把。30岁的时候,我和我的爱人一起走进了婚姻的殿堂,尔后的一切,似乎与爱情毫无关系,没有甜言蜜语,没有惊喜浪漫,有的只是早晨那一杯温热的开水和晚上那一顿热乎乎的饭菜。也许这就是婚姻该有的温度,没有那么炙热,但永远不会让你感到寒冷。

有关爱的谶语

何 燕

喜欢有浓荫遮天的道路，连带喜欢办公楼通往食堂的那条路，因为那路上有很多树，它们都以不同的姿态矗立着。特别是春天，高大的香樟树在路的两旁深情凝视。树干虽然无法相触，阳光点缀下的柔情蜜意的绿叶却交错纠葛在云间，那种心有灵犀一点通的缠绵让人着迷。

我们家晚餐时的气氛本来一直是融洽的。他交流着单位的八卦，儿子会边吃边哼各种曲调的歌。一张小小的餐桌，曾经是一家人诉说心曲的地方。社会人事、单位风云、教育感慨都会在晚上同一时间播出。

然而，当他开始迷恋手机，义无反顾地加入手机"控"行列，餐桌旁、马桶上、沙发边就有了他埋头苦恋手机的身影。儿子开始以最快的速度吃饭，进入自己的书房，再也没有辩论的兴致；我默默地收拾碗筷，边洗边对着窗户外的万家灯火发呆。再没有人跟我晚饭后散步消食，再没有人关注我工作中的不如意。

谁也不知道其间到底有了什么样的改变。

以前我爱看书，但我常常会放了书本跟他聊天；如今他迷上了手机，我却迷失了自己的道路。

男人们喜欢看《大宅门》，女人们则怜惜徽娘宛心，两个世界，同样精彩绝伦。我能勉强什么，我又能强求什么。我开始回到自己书的世界，在另一个世界找寻我的精彩。他依然在网络里游历。我担心我们之间再也没有交集。我知道，他需要独立的空间。我选择了沉默，因为争吵过后的伤疤永远不会消退。

终于有一天，他似乎发现了什么。儿子生日的那个晚上，他放下手机，对儿子说："嗨，儿子，说说你最近怎么样了？"儿子的话匣子一下子被打开了。我端着饭碗，看着头上有星星点点白发的他，心头百感交集。儿子破例地多吃了半碗饭。事后，儿子贴着我的耳朵说："老妈，老爸又回来了。"那份欢喜溢于言表。他一直是我们家的主心骨，我和儿子都认同了这一点。

休假的傍晚，只要不下雨，他也会放下手机，拖我出去散步。散步的路上，牵手的情侣，情正浓；挽着手的白发老人，爱已永恒。他们都有彼此的世界，也懂得融入对方的世界。

我相信，世上，人们依然都在爱着。爱有误会、有疏忽，也会渐入佳境。一如那些在风中用叶对话的大树，它们在风雨中相携相守，那是一种爱的意境。

点点思雨

　　结婚十六年了,磕磕绊绊。哭过、笑过、伤过的日子历历在目。人到中年,回忆有了眷恋。当银丝开始漫上耳际,心肠日益柔软。黄昏时分,最爱与他携手,缓步闲谈。爱情已像一首淡淡的歌,一幅悠远的水墨画,雅致而有韵味。

　　我想,假如我们不吵架,就一点人味都没有了。婚姻生活不是完全沐在蜜浴里的,一半也是米做的。

大声说出"我爱你"

袁婷婷

2013年10月,我报名参加了苏州市教育局心理健康教育教师上岗周末培训班。本想可以学些有用的心理疏导技术在自己的班主任工作中运用,可不曾想培训老师布置的一项作业把我难住了,她要我们回家后对自己最重要的三个人大声说出"我爱你!"。

我是一个感情不外露的人,一直认为随意说出"我爱你"这样肉麻的话是一种轻浮的表现,我也这样教育我的学生。现在要我大声向三个人说,真的很困难,该如何说出口呢?若完不成,培训老师也不会知道,撒个谎就行了,但我还是想突破自己。一路纠结着回到了家。为了显得不是那么突兀,我特意在路过一家点心店时买了两客小笼包。

上托班的儿子给我开了门,一天没看见我,扑上来就说"妈妈,你总算回来了,我好想你啊",还赠送了一个满是菜油的吻。我很自然地抱着儿子说:"宝贝,妈妈爱你!"没想到第一个"我爱你"就这样顺利地完成了。还剩两个。看看正在津津有味地吃小笼包的公公、婆婆,我没说出口,我怕我一张口,非得把他们老两口惊讶得噎住。老公则是在书房趁吃饭前过一把网游瘾,丝毫对我的回家没有什么表示,反而在我热情地把小笼包递给他吃时,来了句:"都快吃饭了,还买什么点心!"本来要说出口的话到嘴边又咽了回去。

一边吃饭一边在心里盘算该怎么办。正当吃完饭之际,我灵光一闪:拉上儿子,拿儿子做挡箭牌,他们就不会觉得我"吃错药"了,我也不会觉得不好意思。吃完饭,我不怀好意地看了儿子一眼,然后拉儿子到书房"密谋"起来,无非就是拿买好吃的、买好玩的玩具贿赂儿子,要求儿子在我说完"1、2、3"口号后,跟我一起说"我爱你"。儿子痛快地答应了。估计在儿子眼里,这不是什么难的事情,反而还能获得自己心仪的东西,何乐而不为呢。

我躲在儿子身后,先去在客厅看电视的老公那(换在平时,我肯定不会先低头,但心想作业要完成,不顾那么多了)。我喊"1、2、3"后,儿子大声说:"爸爸,我爱你!"我则是压低声音附和道:"老公,我爱你。"呵呵,心中窃喜,第二个完成了。不料,老公抱着儿子开心地来了句:"你说什么?"我忙装作若无其事地说:"没什么,没什么……"我们又在婆婆面前如法炮制了一出。这估计不能算完成吧,但这已经是我的底线了。

儿子完成了和我的"密谋"后,不解地问:"妈妈,你为什么让我说,而你自己却不说?"我辩解道:"我也说了啊,只是你太大声了把妈妈的声音盖过了。""哦,原来是这样。"儿子将信将疑,而我已经是面红耳赤,内心五味杂陈。

点点思雨

　　作为教师的我,身上最重要又最稀缺的资源是无拘无束、孩子般的鲜活的爱。我的"爱"被大脑指挥着,被理性、道德像椰子壳一样包裹着,一点不肯轻易外漏。

　　小孩子认为很简单的事情,大人们却处心积虑地将它复杂化了。小孩子就像是一面照妖镜,让我在无处可遁中被打回原形。我理解了"儿童是成人之父"的附加意义。放下面子、里子,放下矜持、害羞,我也要像儿子那样大声说出"我爱你"。

师 子

何 燕

我总是以一个老师的身份教育我家那小子,对他总是横加挑剔。儿子跟我性格相反,特别欣赏他自己的老师:语文老师的字漂亮;数学老师既能教数学又能教音乐,真是奇了;体育老师很高大。他的世界充满了美丽,而我不是。也许是阅历越多,人就越没有感知美丽的能力了。我总是木木的,不会欣赏别人,连对自己都过分苛求。

我意识到这点的时候,儿子已经飞速长大,先是够到了我的肩膀,后又超过了我的脑袋。当他站到我身边高出我半个头的时候,我觉得自己所有的吼招已经无济于事了。他的叛逆像春天的草,恣意长满了他和我过招的所有空间。

南柯一梦,猛然惊醒。他说话的能力已经超越我的想象,我已经理论不过他了。足够高大的他已经开始反击了,而我还没有做好"迎战"的准备。

"儿子,去锻炼一下吧。""我不去,我不想锻炼。"

"该复习一下功课了,马上期末考试了。""我不想,我白天上课已经够累的了。"

"妈,为什么在你眼里,我这么没出息?"

"我已经懂得很多了,我不希望听到你们的说教。"

"你们怎么不理解我?"

咄咄逼人的话语,让我感觉到无力和伤感。思忖再三,我决定把家交给儿子打理。

日常作息,统筹安排

何时起床,何时睡觉,看多长时间的书,看多长时间的电视,一概由儿子来安排。让喜欢看电视的儿子来安排一家人的娱乐、休息、学习的时间,转被动为主动。

家务劳作,按人分配

本来这个家里大多数的家务都由我干,现在由儿子书面排好值日班,全家遵照执行。一向不会干家务的儿子把事务工作安排得井井有条。不过,一开始他不承担任何家务,但日子久了,他也自觉地加入了。

经济开销,按日计算

以一个星期为一个单位,消费内容包括一日三餐、水果、点心、牛奶、水电等,另外还有打牙祭的一些费用。额外的开销包括衣服、日常用品、书籍等消费。

　　以上种种工作,一个星期做一次汇总。儿子总结,父母给意见,并为下个星期的生活做简单的调整。每个星期儿子可以得到30元的管理费作为零花钱。

　　儿子设计了小小的账本,每个项目都清清楚楚。不管学习多累,他都不忘在账本上记下一笔。以前从来不干家务的儿子,现在不用催促也会叠好被子、收拾书房了。没有呵斥,没有怒骂,潜移默化中,儿子慢慢感觉到生活的艰辛。

　　家永远和儿子联结在一起,只有在家里,每个人的本性才能得到彻底地展露。与其各自狰狞,不如彼此欣赏。放低身段,向儿子学习,学会欣赏他人,欣赏和相信儿子。我想,这是我应该要做到的。一路走来,风光一定无限好。

点点思雨

　　我的父亲非常寡言,在我成长的过程中始终没有呵斥过我什么。每天他在田间劳作,忙得顾不上吃饭。而我很小就懂得怜惜父母,总是做力所能及的事情,为父母分担辛劳。

　　我知道,每一棵草都有它独有的姿态,每一朵花都有它特有的芬芳。现在,我愿意从儿子的眼光里打量这个世界,去理解和尊重他合理的意见。以儿子为师,以儿子为镜子,纠正自己旧时的错误,以更宽容的心态和从容的姿态走在教育的道路上。

我们家的"星光大道"

张 磊

虽然夜幕降临,华灯初上,街道上却还是熙熙攘攘。我好不容易从公交车上挤下来,一看时间已经快六点半了,一路小跑去接孩子。才跑到路口,远远地就看见儿子迎面走来:"妈妈,你来接我啦,怎么来得这么晚?"儿子看见我又欣喜又抱怨地对我说。我不顾他的问话气喘吁吁地说:"你怎么自己从中心出来了?我们不是讲好不管怎样你都不出大楼的吗?""我看你一直不来,所以到外面来等你。""万一走岔了怎么办?我会很担心的!"我站定下来很认真地对孩子说:"这件事你做得不对。以后没有经过我同意,不能一个人走出大楼,不要让我着急,好吗?""好的,我知道了。"讲清了事情的来龙去脉后,我拉着儿子的手往回家的公交站台走去。

"刚才你自己从中心走出来这件事做错了,你觉得该怎么办呢?"一边走我一边问儿子。"扣去两颗星吧。"儿子回答道。"是要扣星的,但因为你主动承认错误,又主动说扣星,所以这次扣一颗星。但如果下次再这样就要扣一次奖励了!"儿子听到只扣一颗星,很用力地点了点头,表示记住了。

睡觉前,开始写"星光大道":"按时起床,得一颗星,自己铺床还可以得一颗星。"我一边说一边记录一边画五角星,儿子躺在床上仰起头来说:"我还铺了你们的被子!""哦,是的,那么铺床得两颗星。"我又在本子上加上了一颗五角星,"写作业速度快,效率高,也有一颗星;还弹了琴,再加上一颗星;把大的猕猴桃让给爸爸吃再加一颗星。""这也可以得星啊?"儿子从床上坐起来说。我走过去让他睡好,帮他塞好被子,一边抚摸他的头一边说:"只要是做得对的事情都可以加星,做错了事情就要扣星,今天就要扣掉你自己走出中心的一颗星!好了,今天的星写完了,好好睡吧。"

其实"星光大道"就是一本光荣榜。每天在本子上详细记录孩子的各项表现,用画五角星的方式对孩子进行激励。孩子的每一个良好表现都会被画上五角星,7颗五角星记一次奖励,而奖励内容就包括去公园钓鱼、划船、看电影、旅游等。

我们总以工作忙、时间少、身体累为借口,很少带儿子外出。采用"星光大道"记录他的奖励后,承诺儿子的愿望我们就一定要做到。我们的生活随着儿子的进步也丰富起来。家里的笑声越来越多,快乐也越来越多!

孩子在不断成长,我们也在教育孩子的过程中不断成长和进步。每个孩子有自身的特点,只要我们善于发现孩子的特点、发展孩子的优点,针对孩子的实际情况制定有效的教育方法,每个孩子都能够最大限度地发挥他们的潜力,在快乐中学习,在快乐中成长。

点点思雨

设计"星光大道"的初衷,就是让孩子能够在小事上注意,在小事上努力,在小事上成功,以至于长大后能够明辨是非,坦荡为人。孩子的教育是一项复杂的系统工程,我们在实践中探索到了目前的这种教育方法。随着孩子的成长,这种方法会过时、不管用,但是只要家长不断探索、不断实践,总能够找到适合自己孩子的教育方法。家长的各种教育方法犹如天空中璀璨的星星,让我们共同铺就一条"星光大道",引领孩子们昂首阔步、奔向前方。

做梦真好

曹晓萍

儿子自从上幼儿园之后,他的生活顿时变得丰富多彩起来,不再孤单、不再无趣,每天有同伴陪他玩,一起搭积木、捏橡皮泥、折纸、画画……他欣喜于这些新鲜的事物,每天回来都要和我聊上几句,言语间透露出欢喜。但最近儿子有个烦恼,就是午睡。

"妈妈,我不喜欢午睡。""为什么呀?""我睡不着。""睡不着,就数羊吧,一只羊,两只羊……数着数着就睡着了。""哦。"

"宝宝,你今天睡着了吗?""没有,我睡不着。"

午睡成了孩子的一件心事。

终于有一天,儿子回来时一脸得意地对我说:"妈妈,今天午睡时我还是没睡着,但是老师检查的时候没发现我。"

"你是怎么做到的?""我闭上眼睛,一动不动,连大气都不敢出呢。"可以想象当时的孩子面对午睡是多么焦虑,面对检查是多么紧张。为了躲过老师的巡视,他只能强迫自己假睡,而那假寐的时间是多么漫长、难熬啊。

"哦!是这样啊,宝宝好厉害。可是睡觉不是很好嘛,孩子多睡觉才能长高长大啊。"

"不好,睡觉要闭上眼睛,什么都看不见了,好黑,我害怕。"

我终于明白,原来孩子烦恼的不是午睡,而是闭上眼睛后的黑暗。

我灵机一动问他:"要妈妈画个太阳,放你口袋里吗?"

"不要,老师会发现的。"

怎么帮怕黑的儿子解决午睡的问题呢?我陷入了沉思。

那夜,很巧,小区里有人放烟花。红、绿、紫、蓝的火花绽放在夜空中,璀璨明亮。儿子忍不住停下脚步,抬头仰望,边看还不住手舞足蹈地赞叹着:"哇,哇,妈妈,好漂亮。"

"嗯。好漂亮。宝宝,要是在白天放烟花好不好看呢?"

"不好看。"

"嗯,就是因为夜晚,天黑了,所以才衬得烟花这样好看的。黑夜是不是很神奇。看,天上还有星星呢,那颗星星多亮啊。在妈妈小的时候,天上有很多星星,妈妈就喜欢抬头数星星。"

"妈妈,我也要数星星。"

"好,我们回家去数星星。"

回到家,儿子主动把房间的灯关了,在房间里玩起了"巧虎琪琪夜空星象"玩具,躺在床上数星星,一颗,两颗……不亦乐乎。

第二天起床,为了克服儿子的黑暗恐惧,加大睡觉的魅力,我给他讲了我的梦:"宝宝,昨天妈妈睡着后做了一个梦,梦见自己飞到星星上去了,看到了彩虹城堡,彩虹热气球,彩虹棒棒糖,彩虹摩天轮……还有各种好玩的玩具哦。""妈妈,你是带我一起去的吗?""嗯,是带你一起去的。""帮我买玩具了吗?""嗯,买的。""做梦真好啊!"

那天放学后,我问儿子:"宝宝,今天睡着了吗?""睡着了,妈妈,我还做了个好玩的梦……"

点点思雨

开始以为孩子是单纯地睡不着,后来才明白真正的原因是怕黑。原来孩子行为的背后都有着"隐情",只有真正了解后,才能破解。怕黑是孩子的一个常见的问题,我抓住烟花的契机,巧加引导,再补上梦的魅力,增加了睡觉的诱惑力,让孩子克服了午睡这件心事。在孩子成长的过程中,必将伴随更多的"小心事"。解决一件小心事,孩子就长大一点。

做一个"听话"的妈妈

杨实新

老实说,我是一个"强势"的班主任,从来不吝啬在学生面前"示强"。我一向认为,管班没规矩,其他都免谈。我自以为做一个优秀的班主任给了我许多在儿子面前炫耀的资本。"身教"就是最好的教育,做老师的教育好自己的孩子那是顺理成章的事。但很快我的自信心和虚荣心就受到了重大打击。

有一次,我看到儿子刚刚拼好的玩具军舰挡在路上,便顺手扔到一边。儿子见状,大吼一声:"别动我的东西!"他竟敢吼我!我顿时火冒三丈,真想狠狠教训他一顿,但他当时不容侵犯的神情制止了我。我开始反思,到底从何时起,儿子开始用命令的口气和我说话,还动不动跟我发脾气。那口气、那神情很熟悉,想起来了,那就是我的口气、我的神情!想起我以前对他大吼大叫的时候,他委屈、惊恐的眼神,我一阵钻心的痛。我到底给儿子"身教"了些什么?当我一次次要求儿子听话的时候,我自己有没有倾听他的心声呢?我开始改变和儿子相处的方式。从睡前我讲故事给儿子听变成了儿子讲故事给我听,到后来他竟然习惯于每到周六早上我还没起床,就跑到我床上和我天南海北地聊天。聊的大多是他最近看的书或电视的内容,到目前为止,从动植物的生存与竞争到人类的战争与和平,从古代的帝王将相、历史变迁到今日的传奇政客、外交风云,无所不有。这是儿子和我常见的对话:"妈妈,你知道美国总统是怎么选举的吗?""不知道,你说说看呢!"又比如他问:"妈妈,你知道秦灭六国的先后顺序吗?""不知道,你说说呢!"这时他就眉飞色舞地讲给我听。别说,这对我还真是一种学习。

后来,当孩子把怒火发泄到玩具身上,嘴里说着"打死你,打死你"的时候,当孩子默默流眼泪的时候,当孩子和我争执的时候,我会放下家长的威严,蹲下身子,认真听听孩子内心的声音。前几天我在家制定班级小组合作的奖惩条例。当儿子看到我制定的对落后组和落后组员的惩罚规定时,他郑重其事地请求我:"妈妈,你能不能不要这么做?"我一脸困惑:"为什么?"他说:"落后已经让他们很难受了,你这样做他们会很受伤的!"我很诧异这些话出自一个10岁孩子之口。也许他更能感同身受,我听从了。我把条例拿给学生讨论,根据他们的意见改进。实践证明,效果不错。学生自己定的规矩,他们能不好好执行吗?!

在陪伴孩子、倾听他的心声、和他一起分享快乐的过程中我也在成长。对于绝大多数家长来说,如果想要一个听话的孩子,必须在孩子面前首先做个"听话"的家长。

点点思雨

从自己的生活经历中我开始认识到,无论是作为一名班主任还是作为一位妈妈,都不能太强势,不必太焦虑。我的使命更多的不是监管而是引导,不是培养而是陪伴,不是命令而是倾听。我从不听到假装听,再到真心听,这个改变是我作为一个普通妈妈完成的对孩子爱的蜕变。做一个"听话"的妈妈,我认为这是对孩子真正的欣赏和尊重,是真正的爱!因为爱,我想我也学会了做一个"听话"的班主任。也许早该觉醒了,也许现在正是时候。

常回家看看

王 敏

九月,周六,清早。一位家长发来短信,原文是这样的:"王老师,你好。今天看到了你们的《一叶》,看得我热泪盈眶。三年的辛苦浇灌,终于开花结果。我已经不记得我的初中还有什么。毕业了,女儿对你和班级的牵挂时时萦绕在耳。他们是最幸福、最幸运的叶子,因为青春期,他们遇到了你。"

《一叶》是什么?它是一本小册子,只有117页;它是一方精神小空间,独属于我、我班的任课老师和我们班的30个孩子;它是我们的心灵憩园,班级的另一个家。

三年前,我是一个4岁男孩的母亲,儿子即将离开家走进幼儿园,我的内心满是担忧。在这个时候我担任了当年初一(1)班的班主任,30位学生在父母满含担忧和期望的目光中来到我的身边。我突然间理解了家长的担忧和期待。从那时起,我决定要用"狠狠的爱"记录学生的青春成长,见证儿子的童年成长,它们都是不可逆的人生经历。我不敢保证我把每一位学生都领向荣耀,但我一定保证没有一个学生因为和我相遇而青春暗淡。在做母亲之后再做班主任,我有一种强烈的感觉,就是要为孩子们留下点什么,就像我常常为儿子写随笔一样。这也许就是《一叶》的缘起吧。

初一时,我常以班级为写作素材进行作文训练,后来发现学生笔下的师生总有我所见不到的特点,总有我不曾知道的轶事。及时复印学生作文、随笔中与班级、学生、任课老师有关的一切文字成了我的习惯。课后时常翻阅,我或自言自语,或哈哈大笑,常惹得周围的同事羡慕、嫉妒。当我陶醉在这样的幸福中时,我感觉跟学生的距离是这样贴近。那是我的一群孩子!对呀,我还需要一个地方,让所有的孩子跟我一样,随时能走进班级的昨天,那样他们一定也会像我一样依恋班级吧。

初一下学期,我请班级一位痴迷网络的同学帮班级建立了博客,我平时搜集的文章在这里一一登台。一时间,班级同学周末的第一要务就是浏览班级博客。学生们因此在平时的随笔中更愿意记录下班级发生的琐事和轰轰烈烈的大事。后来,在寒暑假的时候,这里就成了学生们交流阅读心得、见闻、感悟和释放情绪的平台。一个寒暑假下来,学生们虽未曾谋面但似乎从未分开。博客已经不是一个虚拟的空间,而是一个班级的精神家园。学生们的习惯、观念都开始出奇地一致。学习的交流讨论热闹嘈杂,师生的沟通顺畅默契。在这里,我们找到了一种"在一起"的归属感。

当这个班级随着中考的结束而解散的时候,学生们强烈建议精选博客中的文章编辑成册,作为他们永久的怀念。于是,《一叶》诞生了,这个班级有了一个永远的家。孩子们说常翻《一叶》,就是常回家看看。

点点思雨

班主任能给学生的最本质的东西是精神上的引领,而这些引领往往是在教育的某个情境、某个契机中产生的。班级博客是个真实而自由的平台,是个沉淀班级往事、沉淀班级思想精神的载体。学生时时反顾,时时回味,在班级的归属感中且行且思。

每本书都有"我的页码"

邢奇志

个人偏好"名言警句""晓之以理"的说服教育。"班级文化"特色是"名言警句""励志故事"贴满墙壁、板报……事实真相：学生脱口而出，"让别人因为我的存在而感到幸福"，日记中记录的却是"对生活中不幸福的真实感受"……

班会课，抱着一摞书进班，我随意一问："都记得自己的'责任积分'吧，要班长把每个人的分数给大家再报一遍吗？"

各种杂音："报！""不用了！""随便！"

"责任积分"：每人提出一条应担"责任"，谁提出谁监督。"责任"失当，有相应分数记录。班长每日通报"失当积分"，得分越少越好。期末，每人都有不少分数。最少的25分，最多的465分，大部分学生在150分左右。

班长清脆的嗓音："截至今天上午，各自分数如下……"

同学们认真记录了自己的分数，互相比较着、感叹着，然后警惕地看着我。

我说："50本书，准备让大家在书上签好姓名，然后再归类放在书架上。不过，此次签名，老师有一个'文艺'的要求！请将个人的姓名签在'责任积分'对应的页码上！没自己相应页码的就一律签在最后的空白页上。"

我开始煽情："毕业了，你带回家的6本书上，各个页码各个签名。某时，读到某页，看到某签名，想起某同学……虽然我看不见那时的情境，但现在想想，就觉得好浪漫、好有趣、好温馨啊。"

我的话还没说完，学生们就按捺不住了，激动地开始找书"签名"了。脚步移动中，嘴巴也不闲着：

"太佩服我了，我每本都能签上名！哈哈！"

"神招？这本书听到了心碎的声音！"

"悲催啊，我只有十几本可以签？我最喜欢的……签不上！"

"谁让你老拖作业，现世报，呵呵！"

"太心酸了，这本书，我只差一页！今早不忘做值日就签上了。"

"自作孽啊，我终于找到可以签名的书了，我叩谢李泽厚老先生写了400多页！"

……

王同学问我："老师，你怎么做到不犯错误的？"

我回答："我做不到啊，我正在努力减少犯错误的次数。没有人可以'零错误'吧。"

一片迎合声:"就是呀,能改就是极好的!"

班长来了一段"高大上"的总结:"刚开学时,书(机会)都是我们的。然后,一些貌似小的错误,让我们不知不觉地丢掉了一些薄的书(珍贵的机会),小错误累积起来像滚雪球一样,让我们把喜欢的书(机会)一本本地弄丢了……希望下学期发书的时候,每个同学,在每本书上都能找到'我的页码'。(这已成为14班励志经典语录)。把自己喜欢的书再努力'挣'回来……"

看着孩子们若有所思的神情,想象着孩子们未来"成长的情境",我欢喜地离开了教室。

点点思雨

文化是什么,不仅是要让学生在各种书籍里翻滚,还要让他们在担当责任中长大成"人"。真的文化不在于背诵真理名言,而在于体验真实人生中心灵的苏醒。

文化是明白人教人明白的过程,教师在"关键时刻"明白提醒,也在"其余时刻"让孩子"想"明白。

所以,教育不是"输入真理",而是"创设教育生活"。教育更不是让学生感觉老师比自己高明,而是让学生体验"我错了,我得停下来,想一想"。

让心灵之花绚烂绽放

朱晓敏

教师是爱的使者,搭起一座沟通的桥梁,引领天使们愉悦歌唱;教师是爱的使者,放飞一串天真的梦想,带着孩子寻找奇迹。看过《离家小兔》:小兔总是要逃离妈妈。小兔变成小鱼,妈妈就变成捕鱼的人;小兔变成山石,妈妈就变成登山的人;小兔变成小鸟,妈妈就变成大树……最终,小兔累了,还是回到妈妈的身边;我的学生们就像一只只小兔,围绕在我身边;我就像兔子妈妈,用爱包围他们。

中间层是班上的多数,他们介于中间状态,可塑性极大。在他们身上积极因素和消极因素往往是互相斗争的,而且极易向两极转化。在教育中我尤其重视他们。首先,把握他们的不同特点:一是思想基础还不错而工作能力有限,想干又干不好,想上进又上不去;二是甘居中游,既不想"冒尖",又不愿落后挨批评,对凡事无所谓;三是思想不稳定,情绪忽高忽低。对于第一种学生,我注意对他们的培养和大胆使用,不断提高他们的思想水平、学习成绩,增强他们的工作能力。对于第二种学生,我有意识地给他们提高要求,用压力刺激他们上进。对于第三种学生,我帮助他们抵制外界不良因素的干扰,培养他们的自制能力和顽强意志。其次,善于发现他们的特长,并创造条件让他们在班集体中充分展示自己的才能,鼓励他们树立信心,突破安于中游的思想,在实际工作中经受锻炼。

比如,班级中的何同学,刚开学不久,我就发现他很活跃,头脑反应也灵活,在课上也表现积极,但是不久就有女生向我反映他经常恶作剧,如把胶带纸放在女生座位上,把修正液涂在女生的桌子上、本子上,把喝过的饮料盒子吹足气再踩爆,等等。我把他找来,问他为什么这样做,他简单地回答"好玩",我便对他做了批评教育。如是几次简单的教育之后我发现效果不佳。一天,在我讲起青春期男女生正常交往时,我安排了一个小游戏:当女生拿着重物进入电梯,男生在后面该怎么做。我叫了何同学来模拟表演,他非常果断地拿起女生的重物。我在全班面前表扬了他,我说:"何同学,你看似弱小的身躯下,有着一颗强大的心啊!希望你能一如既往地帮助女生,帮助需要你帮助的同学。"然后我和全班同学给了他热烈的掌声。

我发现这次事情以后,何同学对班级的关心程度有了很大提高,而恶作剧的事情也没有女生来向我反映了。更让人惊喜的是,新学期开始不久,他以奋进向上的姿态投入学习,得到多位任课老师的表扬,主动性、积极性大大提高,期中考试从班级19名跃升至第9名。

让我们用心呵护我们的孩子们吧,把爱放在他们掌心。有一天,当他们松开手掌,必定有心灵之花绚烂绽放!

点点思雨

给予爱,投入爱,教育才能拨动生命的"琴弦"。给顽皮的学生以感化,给自卑的学生以力量,给胆怯的学生以激励,给愚钝的学生以智慧,给后进的学生以进步。我和学生之间有三个"共同":共同感受、共同分享、共同成长。

知恩才能感恩

张立人

那年的感恩节,正巧有节自习课,我想让孩子们做点什么送给自己的父母。

由于学校的特殊性,这些孩子只有在放月假的时候才能见到自己的父母,而老家很远的孩子只有逢年过节才能回家。平日里,孩子和父母的沟通仅限于电话,而通话的内容无非是父母问"最近学习怎么样啊,注意身体,身上钱够不够用啊",孩子答"嗯……嗯……嗯……钱花得差不多了"。日子久了,父母那些发自内心的关心,在孩子这边就变得无关紧要了。父母的关心成了纸上谈兵,孩子的感恩更是无从谈起。

自习课到了,我带着白纸、彩铅走进教室。他们开始兴奋了。

"老师,今天画画啊,好!"

"今天是感恩节,我想要大家画一张画送给自己的父母,放月假的时候带回去,作为迟到的感恩节礼物。"

"啊……"听完这话,班里超过三分之二的孩子开始七嘴八舌起来。

"老师,画什么呀?"

"画你对爸妈的爱,对他们的感激呀!"

"画旁边可以写字吗?"

"可以啊。"

"我画得可丑了,送不出去呀!"

"没事儿,怎么画都行!"

在议论声中,我把笔和纸发了下去。瞬间,孩子们自觉地安静下来。第一次,我发现这些别人眼里的后进生是那么专注和投入。勾勒线条,上色,写感恩的话语……每一笔都小心翼翼,生怕弄脏了、画错了。下课铃响了,突然有个孩子举手向我示意:"老师,还有一个星期才放月假,我不想折坏了画,放在你那儿,我放月假的时候来拿。""我的也放在你那儿。""我也是,这东西放我那儿估计得坏。"我忍不住笑了,原来他们知道自己丢三落四的毛病,原来他们是如此看重这份礼物。

课后我细细翻阅了寄存在我这儿的画作。有些孩子画得确实不怎么样,有的实在想不出画什么,就画了一颗大大的红心,附上简短的文字。几十张画纸中,没有一张画作是相同的,但是几乎每张画作上都有这样一句话:"爸爸妈妈,我爱你们!"

月假到了,孩子们带着他们的礼物回家了。回家前我给了他们一个任务,让父母看完后在反面的空白地方也写下对孩子的爱。月假后,我让孩子们把这份珍贵的礼物再带回学校,把父母的"爱"张贴在教室的展板上,让孩子们时刻能够感受到。

自那次以后,教室的展板就成了"爱和感恩的表达"。每个月我都会让孩子们写下这个月特别感激父母为他们做的某件事,然后贴在展板上。慢慢地,这块展板上也有了孩子对老师的感恩和感激。"感恩",从字典里的一个干巴巴的词变成了孩子们热乎乎的行动。他们学会了关注父母和老师爱他们的每一个举动,也正慢慢学着如何去回报这份爱。

点点思雨

世界上没有一个父母不爱孩子,可是距离总是会或多或少让人产生疏远感,远离父母独自生活的青春期的孩子更是容易忽视父母的这份爱,甚至否定这份爱。要让孩子们懂得感恩,要在班级里形成感恩的氛围,就先要让孩子们学会感知爱,让他们在生活中学会关注和发现父母对他们的爱。教室的展板展示,让感恩不再流于形式,实实在在地让孩子们感知到父母为他们做的点滴。感恩的花朵在这片土壤中会自然地发芽。

我与女儿的钢琴PK赛

徐丽君

"fa没升,是升fa!"我又一次扯高了嗓子提醒道。"知道了,烦死了!就会说说说,你自己怎么不来弹!"女儿也又一次扯破了嗓子反驳道。

女儿学琴已经有五年了,最近正在练习钢琴王子理查德·克莱得曼的名曲《绿柚子》。曲子很优美,女儿也非常喜欢。但是练习的过程是痛苦的,而我还一直扮演着"纠错者"的角色,每天都在"鸡蛋里挑骨头"。

终于有一天女儿发难了,上演了开头的一幕。她使劲将谱子扔在地上,恶狠狠地对我说:"有本事你来弹!我弹不了了!"说完,转身坐到沙发上看起了电视。看到她这样,我气不打一处来!威胁道:"你不练,星期三怎么还课,杨老师批评你怎么办?你不是最怕杨老师批评吗?"以前我只要这样说,立马奏效,因为女儿特别在乎老师对她的评价。可这次她无动于衷,我很意外。"怎么办?不练不行啊!就快练成了,放弃太可惜了!既然威逼不行,那就利诱。"我深深吸口气,压下心中的火气,面带微笑,讨好地说:"田田,妈妈知道你练得很辛苦,很不容易。妈妈的态度不好,老挑错,总批评你。妈妈向你道歉!你乖乖的,赶快练,这次还课成功了,妈妈请你吃哈根达斯!"女儿瞪大眼睛看看我,不屑一顾地"哼"了一声,继续看她的电视。我蒙了!连最喜欢的冰淇淋都不管用。女儿和我僵持着,铁了心对抗到底!

"怎么打破僵局呢?对了,她不是让我弹吗,那我就弹!让她心服口服!"自己曾经学过琴,大学时候又选修乐理,还一直陪着女儿学琴,弹首曲子应该不难。于是,我放下手头的家务,打开琴盖,翻开琴谱,弹下了第一个音符。虽然我弹得断断续续,错误百出,但是吸引了女儿的注意力。一开始她假装没听见,可慢慢地她忍不住了:"左手要弹fa,不是do!"她索性站在我旁边,一节节地指导我。而我始终虚心接受,及时改正。

一曲结束,我和女儿都笑了。女儿激动地对我说:"妈妈,没想到你真的会弹钢琴,你弹得真好!""妈妈的水平怎么能和你比!弹琴真的很辛苦!"我如释重负地说,"妈妈现在已经完全理解了你的感受。这样,我们PK一下,一起练习《绿柚子》,时间为一周,比比谁弹得好!"女儿连声答应。

之后一周的练习,少了争吵,多了笑声。我和女儿轮流练习,互相鼓励,互相指导。对于女儿来说,弹琴不再枯燥乏味,反而乐趣无穷;对于我来说,弹琴成了我与女儿沟通的平台。每天一个小时成了我俩的美好时光。

PK时间到了,女儿请爸爸做评委,我俩依次表演钢琴演奏。结果是,我们并列第一。女儿的还课也非常成功,老师的评价很高:"既有演奏技巧,又演绎出了曲子的情感!"老师问女儿这次怎么弹得这么好,女儿神秘地对老师说:"因为妈妈!"

点点思雨

解决"代沟"最好的方法就是"蹲下来,和孩子平等对话"。而实施这个方法的关键是真心地"蹲下来",做到真正的平等。孩子是最聪明的,他们完全能感受到大人们真诚与否。虚伪的"假平等"绝逃不过孩子们的"火眼金睛",更无法走入他们的内心。大人们应拿出诚意,"蹲下来",认真听听孩子们的心声!

"辣条"记

张皙钰

伴随着第四节课的下课音乐铃声,学生们冲出教室后门,直奔配餐间而去。我循例到教室里看看,电灯、电扇、投影是不是已经被关掉了。走进教室,展现在我眼前的是意料之中的混乱,桌上横七竖八地躺着课本、练习册、笔记本、笔……突然,书包拉链口露出的一角"辣条"的包装刺入眼中。生气,可是慢慢地,浑身上下就被一种挫败感层层包裹了。

三令五申,像"辣条"这样的小吃不允许带进班级。

记得化学课上,我特意将包装上的"配料成分"投影出来,指出"亚硝酸钠"是工业盐,长期食用会中毒,严重损害我们人体的肾脏功能。

我还在班会课上给同学们观看了《新闻夜班车》关于学校门口"三无"小吃的报道。大家还激烈地讨论了这些小吃反映出的食品安全问题。

同学们吃完午饭,陆陆续续回到教室,像往常一样,趴在桌上休息。我在教室的走道上,一圈一圈地走,心里纠结着,是"视而不见"还是"严厉批评"。可是批评有用吗?我觉得,"辣条"的那种气味越来越浓烈了。

在走到"辣条"主人的座位旁时,我选择了在沉默中爆发。

"咦——"我故意走过了翔翔(化名)的身边,又折回来,惊叹了一声。我站在他边上,故意夸张地、深深地嗅了一嗅,接着说道:"你买'辣条'了哇?"我们都疑惑地望着对方。立刻,我很坚定地说:"你肯定买'辣条'了,拿出来吧。"

翔翔的眼神从疑惑变成了困惑。他顺从地把那包还没开封的"辣条"拿了出来,嘴里嘀咕着:"闻到的?"翔翔拿着"辣条",凑近了包装,闻了闻,小声地说:"没有味啊?"

翔翔把"辣条"递给我时,忍不住问我:"老师,还没开封,你怎么就闻到了呢?"

我得意地笑着,骄傲地告诉他:"化学老师的嗅觉是很灵敏的。"看着全班惊讶的眼神,我继续说道:"记得吧,我说过这种东西里面全都是添加剂,说不定还是工业添加剂。不开封怎么啦,'三无'产品,密封性也不行啊!"

我顺手举起"辣条",还故意一不小心,撕了条缝,接着说:"看看,这个包装,密封性这么差,居然都没有细菌。这个连细菌都不要吃的东西,就你们还喜欢。真不知道,怎么受得了这个比大蒜还难闻的东西!唉!"

我表现出一副惋惜的神情。在跨出教室的瞬间,我回过头,对翔翔说:"这个我处理掉了啊,为了健康和清新的口气,你就戒了吧。"

离开教室,我没走远,站在后门外就听到教室里"炸开了锅"。此后,"辣条"就没进过班级。

点点思雨

正面说教,已很难打动孩子。流于形式的交流讨论,他们也只是运用信息技术手段,按成人的观点,依葫芦画瓢。抓住偶发事件、创设情景的教育效果远比简单批评强。

有爱才有家

杨实新

作为一个女班主任,我工作上游刃有余,并不逊于男老师。可说到家庭,我同样避不开那个"永恒的世界难题":婆媳关系!我老公是军人,一年在家待不上几天,家务事指望不上他。俗话说得好,"家有一老如有一宝",幸亏有公婆一直帮我打理,我才得以有精力安心工作、教育孩子。但现在的幸福生活也来之不易,我和婆婆的相处也曾经历了一些波折。

在所有家务中,孩子的教育问题往往是婆媳发生冲突的重灾区。也许奶奶溺爱孙子是司空见惯的事,但我婆婆不仅自己对孙子百依百顺,还不允许我和老公管教孩子,别说打了,就是骂几句都跟剜了她心头肉一样。可是当父母的谁不望子成龙呢?记得有一次,我下班回到家,看到儿子不仅作业没做好,还在边吃零食边磨蹭。一想到晚上还要小提琴还课,我不禁又急又气,嗓门也越来越大,最后忍不住打了儿子一巴掌。正在做饭的婆婆听到儿子的哭声后冲了进来:"他上了一天的学已经很累了,让他玩一会又能怎么样!我养了三个孩子,从来也没打过一下,不是都长得好好的吗?!你一天到晚不在家,回家就打小孩,你不心疼我心疼!"婆婆一把鼻涕一把泪地把她的宝贝孙子搂进怀里。我也在气头上,但不能顶撞老人,憋着一肚子气跑进房间哭去了。老公回来了,婆婆还在哭哭闹闹、摔摔打打的,甚至还扬言回老家。这可把我老公吓坏了,他是个大孝子,当然不希望妈妈生气,说了很多好话才平息。我也觉得特别委屈:我做错什么了?辛辛苦苦工作一天,回家还要管教孩子,婆婆却不理解,我容易吗?!不过转念一想,婆婆只是一个目不识丁的农村妇女,观念不同也正常。平心而论,婆婆这么大年纪了还在帮我料理家务,我也很感激。唉,就不要和她计较了。

第二天下班回到家里,老公和公公早已烫好了小酒就等我回来开喝了。儿子扑在我怀里讲着他同学的趣事,我笑着对婆婆说:"妈妈,我回来了!"婆婆赶紧把我最爱的鱼汤端了上来:"快,趁热喝!我可没让他们爷仨喝!"暖暖的汤,暖暖的爱!我还有什么想不通呢?类似的事又发生过好几次,我不禁开始思考:如何才能避免或尽量减少此类矛盾的发生?通过细细思索,我慢慢感悟出,只要婆媳一条心,还能有多少矛盾不能解决呢?我自知情商不高,就只能捧着一颗真诚的心从生活细节入手了。我把和朋友交往的部分时间分给婆婆,多陪婆婆聊聊天、逛逛街,带她去理发,给她买她想要的缝纫机,在她生日那天送她心仪的金手镯,哄她老人家开心。在家务中我尽量放手由婆婆全权打理,我不干涉,但也不甩手,尽量多帮婆婆做事,比如吃饭前摆摆碗筷、到厨房打打下手。

有爱才有家,有爱才有包容。我用心孝敬婆婆、包容婆婆的同时也换得婆婆的真心疼爱。现在我和婆婆出去逛街,常有人误认为我们是母女俩,这让我觉得很享受。

点点思雨

有人说婚姻是所学校,女人是这所学校的校长。我觉得,即使是校长也是从做学生开始的。在这所学校里最重要的当然是夫妻关系,但最敏感的是婆媳关系。家是一个讲爱的地方,不是一个讲理的地方,这个道理是我在"家"这所学校里最大的收获。有爱才有心,有心才会去想办法解决问题。有矛盾、有冲突的时候,不要去指责别人,要换位思考。要想改变就从改变自己开始吧。

又一朵浪花澎湃了

符婷婷

"杰哥"是我班上的一个"大人物"。班集体刚组建时,他表示想当体育委员的梦想未能如愿。考虑到他个子比较高大,我便委任他为体育委员。刚上任那会儿,"杰哥"口碑不错,可时间一长,他的行为规范和学习上总是问题不断,不能以身作则。渐渐地,同学们对他的意见越来越大,甚至发出了"撤换体育委员"的呼声。

俗话说,"枪打出头鸟",不治好这"只",恐怕我有失威信。班里舆论频频,风气不正,但怎么治,我很迟疑。记起了某一天课间,我在教室门外的走道上滑倒了。当时看见这一幕的学生很多,但是第一个冲出来扶我的是"杰哥"。扶起我之后,他就匆匆走了,还显得很不好意思。在我看来,这个孩子质朴纯真,他的种种欠缺均是习惯的缺失,这和家庭环境以及前期接受的教育密切相关。他不该因此仅得到指责,相反,我该帮助他收获更多认可与关爱。

于是,我有意识地将班级一切重大活动的集队管理交给"杰哥"负责。一开始,他并没有岗位责任感,总是混在人堆里,想不到要去做什么。每次出现问题时,我会当着全班同学的面,严肃地指出他身为班干部的失职行为,但事后,我会把他叫到身边,教给他处理问题的有效方法。庆幸的是,"杰哥"是条汉子,也有悟性。没过多久,他就能独立承担班级各项外出集体活动的整队、管理及汇报工作了,从仅能告诉我还缺几个人到能告诉我缺的是谁、在哪、多久能到位,他的进步,大家有目共睹。

有一次,我班代表学校参加"苏州市中小学合唱比赛","杰哥"并未入选参赛,但他主动提出随行要求,我答应了。赛前,同学们在教室里自行化妆,杰哥拿着相机拍来拍去。于是我临时聘任他为活动摄影师,要求他用相机记录活动花絮。到了赛场,由于一些学生没来得及吃午饭,学校准备了点面包,我就把分发食物的任务也交给了"杰哥"。只看见他拎着两个大袋子来回跑,嘴里念叨着:"省着点拿,大家分一下,后面还有人没吃到呢……"活动结束,我们回班进行活动点评时,我把"杰哥"拍的相片、录像播放出来,大家看得笑开了花。只是录像晃动地厉害,原因是"杰哥"为了找个好的拍摄位置,不停地走动。不出我的意料,好多同学在当天的日记中都提到了"杰哥",感慨于他的辛勤付出,而"杰哥"在日记中总结的是自己没把录像拍好的教训。

不知从啥时起,越来越多的孩子关注起"杰哥"的好,他们在日记中写"杰哥"主动维持班级秩序、专心致志写作业等。而"杰哥"的学习成绩也在同时期突飞猛进,最终获得了"2013 年度苏州市光彩事业奖学金"。他满怀欣喜时,我听到海面传来又一朵浪花澎湃的声响……

点点思雨

"千万溪流汇聚成大海,每朵浪花一样澎湃",这该是班主任的胸怀。"不是一家人,不进一家门",维系和谐美满的班集体,凭借的是班主任的豁达和智慧。班主任是陪着孩子一起成长的人。一路上,经历艰辛坎坷,满载欢声笑语,但留下的终究只是孩子成长的足迹,因为真正的教育是不留痕迹的。我们是前台的引领者和幕后的励志者。我们不放弃任何一个学生,不轻视任何一个让学生出彩的机会。我们无须给师爱贴上标签,只需悉心聆听每一朵浪花澎湃的声音。

风吹云,云在动

陈星旋

"风吹云,云在动。不下雨就出太阳吧……"

作为四十个孩子的班主任,他们是那变幻多姿的云朵,而我就是那阵不息的风。不管云朵是洁白清新的,还是灰色阴霾的;不管云朵是柔软娇弱的,还是刚强自负的;不管云朵是任凭我呼风唤雨、伶俐可人的,还是特立独行、乖张倔强的:我都会挥洒尽我的士气,托起他们的天空。

她叫小雯,行为乖张、叛逆,看到老师、同学都不打招呼,一副生人莫近的模样,成绩在班里也是倒数。初一下学期开学报到,她是被母亲拽着来的,在教室门口和母亲大声争吵着:"我不要读书,我要回老家外婆那去,反正你们也不关心我……"

听到争吵,我走出教室,察看了下当时的情形,忍住心中的不满,转而对她说:"来晚了没关系的,先进教室吧。"她却自顾自低着头,气鼓鼓地直冲座位。望着她的背影我无奈地叹息。

当天晚上我就去家访了。当时的她已经拿着行李准备离家出走了,好不容易被父母劝住,却埋着头趴在床上,一声不吭。沟通后发现,父母很少和她交流,张口闭口都是谈自己的儿子,重男轻女的思想很严重,和女儿的感情甚是淡漠。在交谈过程中,我慢慢能理解小雯的压抑和孤独,感受不到家庭的温暖,但同时我也了解到她特别喜欢读书,也许这就是她排解苦闷的一种方式吧。

这个问题我思索了很久,怎样让她感受到温暖,感受到别人对她的需要,让阳光照进她的心里。

于是趁一天下午放学早,我提前和她约好,邀她一起去书店。一开始她还不乐意,我说:"最近老师特别想看一本书,想去书店找找。老师知道你也是个书虫,你陪我去,帮我参谋参谋好吗?"她犹豫了一下便答应了。

到了书店她直奔言情的书架。过了一会儿我拿了两本书,走到她边上说:"看来你很喜欢言情小说,但言情小说大同小异。我这里有本台湾作家三毛的书,写的也是关于爱情的内容。三毛很有想法。这本书很特别,和一般的言情小说不太一样。"她好奇地探过身子:"《梦里花落知多少》,书名不错,老师,能给我读读吗?"说完,她便兴致勃勃地翻阅了起来。

结账后我把书给了她。我说:"看你那么爱不释手,我先借你看。"她很感谢地点点头。出了店门,她第一次很主动地跟我说话,"老师,我来帮你拎包

风吹云,云在动

吧",一改以往那种拒人于千里之外的冷漠,眼神中又带着点害羞。"好吧,那我来帮你拿书包怎么样?"我俩都笑了,似乎有一种微妙的默契在我们之间生成。就这样,我们一起行走在华灯初上的街头。

此后的日子里我们经常在一起交流各自看书的体会,她也时不时会问我有没有好书推荐。她妈妈告诉我最近她在读《简·爱》。渐渐地,她的书目里言情的少了,那些丰富心灵的多了,人也渐渐地活泼起来,还积极报名参加了双飞跳绳比赛,对于上学不再那么抵触。

她就是那朵晦明变化、飘忽不定的云朵,在她最无助失望的时候,需要一丝柔柔的风吹散她心头的阴霾。作为老师,能成为孩子身后那阵可以给她指明方向的风难道不是一件幸福的事吗?

云还在,风依旧。风吹云,云在动,不下雨就出太阳吧。

点点思雨

能够走到离家出走、厌学这一步的孩子,肯定是缺乏关爱的孩子,也必然是有个性的孩子。这样的孩子就像是折翼的天使。作为班主任的我就要思考怎样用自然的、便于孩子接受的方式去与孩子沟通,让她的心灵哪怕能感受到一丝丝的光芒。或许这样的力量看似微不足道,但是正是这样点滴的关爱如雨露般浸润着孩子干枯的心灵,正所谓"随风潜入夜,润物细无声"。看到孩子能够正常地回归到班级中,我真的会情不自禁地露出笑容。

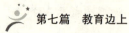

一起分担，一起分享

张　磊

"妈妈，你能来帮我签字吗？"儿子在房间里喊道。"你先做别的事吧，妈妈忙完了家务再给你签字。"我一边洗碗一边回应道。于是儿子冲到厨房对我说："爸爸今天出差了，你好忙啊！等你帮我签完字我还要问你一个问题呢。"我头也不抬地对他说："好的，没问题！不过现在我没时间，你先去做其他事情吧，好吗？"孩子蹦蹦跳跳去做他的事情了，我继续洗碗，并计划着接下来要做的事情：早上走得匆忙床还没有铺，晒好的衣服要熨烫还要叠好放好，今天的衣服也要洗，还要给儿子签字……

终于洗好碗了，我直起腰来擦擦手，感觉好累啊！唉，要是先生不出差就好了，我就不用这么辛苦了。平时家里所有的事情我们总是一起分担：你洗碗来，我铺床；你洗衣来，我熨烫；你照顾孩子来，我关心老人……忙完家务之后，我和先生经常会坐下来聊聊：扯扯一家老小的生活，分担家里那些琐碎的事情；谈谈工作上的困惑，分担事业上的那些烦恼；说说自己的看法、想法，分担心灵上的一丝疲惫……唉，可惜今天先生不在家！

忙完家务，帮孩子签完字，等孩子上床睡觉了，我才有空坐下来喘口气。突然闲下来又好像觉得有点寂寞，又想起平时先生在家时我们有说有笑一起分享快乐的情景：翻翻孩子小时候的照片，一起分享孩子成长的喜悦；看看外出旅游的视频，一起分享回忆异域的风情；说说工作上的收获，一起分享事业上的进步。

时间就像平静的溪水缓缓流过，浪漫和甜蜜的日子也不少，但更多的是平淡无奇的岁月。制造浪漫的办法有很多种，守住平凡的每一天却很难！我们夫妻相濡以沫十多年，我先生总是对我说："家里的事我多做一点，你就能少做一点。"这句话既不是什么海誓山盟，也不是什么甜言蜜语，但我一直记在心上。他是这样说的，也是这样做的，于是我也争取像他一样，能多做一点就多做一点。事情多、工作忙的时候我们更需要一起商量，两个人一起把家里的事情和工作上的事情计划一下，统筹安排，一起分担，一起分享，做到生活和工作两不误。

夫妻就像左右手一样，左手提东西累了，不用呼喊，右手就会接过来；右手受伤了，也不用请求，左手就会伸过去。夫妻要守住这一起走过的几十年，就只有一起分担家务、烦恼、病痛、痛苦，一起分享轻松、快乐、健康、幸福。

点点思雨

　　家庭生活就好像夫妻两个人一起驾驶一条船一样：在阳光灿烂的日子里一定会一帆风顺、舒心如意；在惊涛骇浪的日子里一定会同舟共济、苦尽甘来；在波澜不惊的日子里一定会乏味单调、平淡无奇。我们的生活就在这平常的一天天中度过。真诚坦率地一起沟通交流，当仁不让地一起分担分享，夫妻间的这种不离不弃、相互扶持才能让这条船平稳地一直向前航行。

一趟有趣、活泼的学习旅行

周 源

11月13日下午,来自苏州德育北片十所学校的德育骨干或优秀班主任共33名教师齐聚苏州草桥中学校会议室。

邢老师给学员们介绍了"叶微行动"的含义——遵循叶圣陶教育为人生思想内涵,探索一些"微行动";并明确了工作室的工作理念、原则、价值和规章,同时还介绍了自己近期在班内搞的一个"微活动":无不洋溢着邢老师做班主任的幸福,让在座的老师们受到了很大的触动,也奠定了整个见面会的基调——做一名幸福的班主任。

邢老师的话起到了很好的抛砖引玉的作用。在接下来的成员自我介绍中,老师们无不把自己做班主任的幸福和困惑与大家分享和讨论,并引起了阵阵共鸣的掌声。整场会议在大家对工作室和自己接下来班主任工作的美好憧憬中结束。

见面会结束后,所有工作室成员拍了温馨的全家福,并按照分组在叶老像前合影。

这是一趟通往幸福的旅程,我们刚刚出发,正在路上。

  2013年11月27日,在苏州市立达中学,"邢奇志工作室""顾维红工作室""孙国萍工作室"启动挂牌仪式顺利进行。三个工作室的主持人及核心成员共九人进行了交流,会议气氛温暖感人。尤其是邢奇志工作室的代表李刚老师介绍的案例"少给别人惹麻烦"、蒋少鸿老师介绍的"无微不至"微德育活动引起了与会的其他工作室成员的浓厚兴趣,大家都有"参与实施"的愿望。

  本着高效的活动原则,邢奇志工作室利用本次见面机会,布置了近阶段的工作:第一,发给每人一本《有效班会八讲》,进行自主文献阅读,两周后在QQ群上进行"心得"讨论;第二,每人准备一份自己的"最"案例(失败或成功的活动记录);第三,积极参加12月9日的省级德育讨论活动,汲取营养。邢老师代表工作室全体成员向各位同行介绍了本工作室的设想及目标。

邢奇志工作室的设想

学习团体

  教师自身必须从"教育专家"转型为"学习专家"。学习文献,学习人己经验。

  基于日常教学活动的"微活动"研究讨论需要有上百次的积累。为了达成上述目的,必须展开日常的教学活动研究,必须充实活动后的"反思",而不是满足于活动前的"设计"。要有研究问题的心——理念最重要,而反思是一次重新学习,一次对教育原料的审视。

交响乐团

要激活团体研修，就得实现不同教师的多元声音的交响。"微活动"研究应当是个性化、多样化的，然后借助工作室多样性的交流，促进每一个教师的成长。

通过交流心得来相互学习，争先恐后地争当主讲者的氛围才能形成，团队学习才有持续发展的后劲。"畅所欲言"的研修会是可以结出累累硕果的。教育是一个合力作用，家长、学生及各课教师都要朝着一个目标，对一个学生如此，对整个班级也是如此，否则所有活动的效果都会打折。

刑奇志工作室的目标

减负增效

团体活动，不是增加负担，不是外加在日常教学中的一些活动，而是从日常活动中提炼、整理出的有价值的、受学生欢迎的活动。减时间、除累赘、增效益是我们的目标。

资源共享

实现优质活动的反思：一种体验，多重解释，从而获得鲜活而深入洞察的"回顾性反思"；思考集中体现今后活动研讨的可能性的"前瞻性反思"。

启发新活动的生成，形成新想法，最后能将新想法系列化并趋向为一种体系、一种理论。

窗子以外的惊喜

高妍薇

2013年12月23日,邢奇志工作室的伙伴再相聚,意料中的议程,意料外的收获。

先观摩了赵祎侍老师的"团结合作,互助成长"班会汇报展示课。之后,李刚老师做了全面的、很有见解的点评,其他老师也谈了自己的想法。朴实平淡的讲评班会课活动结束后,伙伴们开始既定议程:介绍自己近期的"叶微行动"实践。其间,惊喜不断袭击我的感官,刺激我的神经中枢。

伙伴们的活动信念:真问题、真实践、真探索、真感悟。

此刻,我坐在书桌前,窗边,听到的是她(他)们生动活泼的语言,还有几段"吴侬软语"的声调。几十个活动,精彩纷呈。

"成人仪式纪念封":封存的是童年的美好、少先队的标志、老师的寄语。

"生命中最重要的5个人":学生开启了关于"活着的意义"的思考,痛苦后体会更深刻了。

"有我最最棒":每人夸别人3个优点,别人的表扬燃起的是新年的祝福和希望。

"马兰花开":在花开几朵的指令中,抱团取暖,温暖了一颗颗曾被冷落的童心。

"送你一束玫瑰花":体验合作,学会感恩,更学会赞美。

"每天一个任务":班主任神秘的任务指令,带给学生每日惊喜,学生很期待。

"海报颁奖礼":家长的奖品,源于班主任精心的设计,带给学生"震麻"的情感。

"金色早晨":生动、活泼的描述,孩子眼中的清晨一片阳光。

"你说我画""你吹我爆":家长开放日的创意"亲子沟通",非常有画面感的浪漫。

"心心相印":不是简单的"爸爸妈妈,我想说……",写出对父母的爱没那么简单。

"爱的能力":在花花草草中体验呵护,在不给别人添麻烦中体验存在。

"谢谢你……":牵着父母的手,感受的是父母的爱、理解和包容。

"比个'人字'给我看":体验的不仅是倾听、表达、沟通的技巧,更是一种价值观的探索。

"登顶作业"：这是一次德育和教学最完美的结合，这份"喜报"是成长的阶梯。

"对比照片"：记录成长的侧影，珍惜成长的记忆，每人一本"成人"启示录。

"超人计划"：比承诺更重要的是责任，"超人"见证的是团结协作。

……

所有活动全在这里，只要你来参加，你就能看到。教育活动的周折、热闹、紧张，全都在你的窗子外展演着。

不用抱怨学校、学生、教室里的沉闷生活！我们自己可以换个样子去教育教书！健康的、科学的"叶微行动"既可以让你看看"别人窗内"的生活，又可以让你知道自己窗外纯朴的学情校俗。

只要打开你自己无形中习惯的窗子，来到邢奇志工作室，你的窗前便展开了一张浪漫的图画，你就能明白一些事、一些理，还能收获惊喜。